아담 자가예프스키 Adam Zagajewski

시인은 고향을 배반한다. 한번 잃어버린 고향은 결국 어느 장소에서도 찾을 수 없기 때문이다. 2차 세계대전이 끝나던 1945년 폴란드에서 태어난 자가예프스키는 어린 나이에 가족과 함께 가축 운반차에 실려 새로운 땅으로 추방당한다. 그 이후 그는 영원한 이방인, 자기 자신까지도 타인으로 느끼는 삶에 지배당한다.

고향 상실과 독재 정치는 자가예프스키의 시 세계에 깊이 파고들었다. 그는 공산 사회의 실체를 폭로한 '크라쿠프 뉴웨이브', 곧 1968년 전후로 등단한 작가 단체인 '68세대'의 중심인물로 유명해지지만 그의 작품은 곧 금서 목록에 오른다. 그러나 자가예프스키는 정치적인 상황보다 개인적이고 실존적인 상황에 더 큰 의미가 있음을 깨닫는다. 그는 억압받는 자의 고독에 깊이 천착한다. "나는 시가 내 국가가 아니라 나 자신의 감정, 의견, 기쁨, 슬픔으로부터 커 가야 한다는 것을 확신하게 되었다."

자가예프스키는 폴란드의 노벨문학상 수상 작가인 체스와프 미워시, 비스와바 쉼보르스카를 잇는 대표 시인이다. 그의 작품은 세계 여러 언어로 번역되었으며 다수의 문학상을 수상했고 한국의 고은 시인과 함께 매년 노벨문학상 후보에 오른다. 그는 우리 시대의 가장 강렬한 목소리 가운데 하나다. 시를 읽는 사람이 적어지는 지금의 현실에서 그는 시의 열렬한 옹호자이다. "당신은 시를 쓴다. 당신은 살아 있다. 당신이 시를 쓴다면 그것은 그저 슬퍼하기보다 더 큰 전체적인 무언가를 염원하고 있는 것이다. 시에서 당신은 어떤 인간성 같은 것을 복원하려는 것이다. 인간성은 웃음과 울음의 혼합이기 때문이다."

그는 삶이 기꺼이 내놓는 모든 것을 받아들이고, 다른 사람 안에 그리고 다른 물건 속에 존재하는 아름다움을 인식하라고 한다. 그렇게 하는 것이 우리에게 보편적인 선, 우리 내부에 저마다 존재하는 신, 깊은 곳에 있는 아름다움을 보다 더 가깝게 느끼게 하기 때문이다.

> 지금 너는 그때 느꼈던 환희로 돌아갈 수 있는지,
> 아직도 그렇게 아무것도 모를 수 있을지
> 아직도 그렇게 간절히 열망할 수 있을지
> 그리고 그렇게 기다릴 수 있을지
> 마지막 꿈이 사그라지지 않도록, 가볍게 잠자고
> 12월 새벽의 어둠에도, 벌떡 일어날 수 있는지

타인의 아름다움에만 위안이 있다
타인의 음악에만, 타인의 시에만
타인들에게만 구원이 있다
고독이 아편처럼 달콤할지라도
타인들은 지옥이 아니다

Poeci fotografowani

Poeci fotografowani,
ale nigdy wtedy,
kiedy naprawdę widzą,
poeci fotografowani
na tle półek z książkami,
ale nigdy w ciemności,
nigdy w milczeniu,
w nocy, w niepewności,
kiedy się wahają,
kiedy radość jak fosfor
oblepia paznokcie.
Poeci uśmiechnięci,
spokojni, wykształceni.
Poeci fotografowani,
kiedy nie są poetami.
Gdybyśmy wiedzieli,
czym jest muzyka.
Gdybyśmy rozumieli.

자가예프스키의 자필 원고

타인만이 우리를 구원한다

UNSEEN HAND: Poems by Adam Zagajewski

Copyright © 2011 by Adam Zagajewski
WITHOUT END: New and Selected Poems by Adam Zagajewski
Copyright © 2002 by Adam Zagajewski
MYSTICISM FOR BEGINNERS by Adam Zagajewski, translated by Clare Cavanagh.
Translation Copyright © 1998 by Farrar, Straus & Giroux, Inc.
CANVAS by Adam Zagajewski, translated by Renata Gorczynski, Benjamin Ivry and C.K. Williams.
Translation Copyright © 1991 by Farrar, Straus & Giroux, Inc.
TREMOR: Selected Poems by Adam Zagajewski
Translation Copyright © 1985 by Farrar, Straus & Giroux, Inc.
ETERNAL ENEMIES: Poems by Adam Zagajewski
Copyright © 2008 by Adam Zagajewski
Published by arrangement with Farrar, Straus & Giroux, LLC, New York.

This Korean edition was published by The Forest of Literature(God'sWin Publishers, Inc.) by arrangement with Macmillan-Farrar, Straus and Giroux, LLC through KCC(Korea Copyright Center Inc.), Seoul.

타인만이 우리를 구원한다

아담 자가예프스키
최성은 · 이지원 옮김

문학의숲

차례

일인칭 복수형으로_13

독자에게 온 편지_14

신세계_16

철학자들_25

타인의 아름다움에서만_26

다수에 대한 찬가_27

* * *_31

5월에_32

새로운 경험_33

이민자의 노래_34

힘_35

저녁 무렵, 이성理性에게 띄우는 엽서_36

미래_37

과거에_38

거리의 한 귀퉁이에서_40

잘 모르던 어느 여인의 죽음에 부쳐_41

과일_42

프란츠 슈베르트의 기자 회견_43

나방_48

책을 읽으며_49

한밤에 부는 바람_50

고딕_51

르부프로 간다_55

나_60

집중을 흩뜨리지 말라_62

델프트 풍경_63

고요_64

세 개의 음성_65

프리드리히 니체와의 대화_66

밤_68

실재實在_70

역사 소설_72

캔버스_73

돌_74

나는 아직 시 속에 존재할 수 없으니_75

낯선 도시들에서_76

자장가_78

사물들의 삶에서_80

일렉트릭 엘레지_82

카르멜리츠카 거리_85

삼왕_87

암스테르담 공항_89

세 천사_92

중국 시_96

비가悲歌_97

열대식물원_99

베르메르의 어린 소녀_101

야만인_102

어느 피아니스트의 죽음_103

초보자를 위한 신비주의_104

방_106

긴 오후들_108

여름의 절정_110

장학생 숙소_112

천천히 말해도 돼_113

자화상_116

두우가 거리_119

포텡가 극장_121

무지개_123

가치가 있었을까_125

별_127

그대와 함께 듣던 음악_128

불가능한 우정_131

대화_133

영혼_135

저녁 무렵 새가 노래한다_136

미워시를 읽다_137

늙은 마르크스_139

거대한 배들_141

균형_144

평범한 인생_146

낯선 도시에서_148

2004년의 마지막 날_149

함께 듣던 음악_150

누군가 오르간을 조율하고 있다_151

왕국들에 관해_152

피아노 레슨_153

가족이 살던 집_156

벙어리 도시_157

비행기에서의 자화상_158

불가능한_160

1월 27일_162

종점_163

당신이 기억을 잃어버린 지금_164

위대한 시인이 세상을 떠나다_166
메타포_168
사진 찍힌 시인들_170
얼굴_171
시를 쓴다는 것_172
아버지는 더 이상 나를 알아보지 못한다_174
피아노 조율사_175

자화상_176
사진을 본다_179
어머니에 대하여_182
추억들_184
상처 입은 세상을 찬미하려 노력하라_185

해설 피상적인 아름다움보다는 진실을
　　　열망하는 시인, 아담 자가예프스키 · 최성은_187
에세이 뒤늦게 오는 아픔 · 박형준_226
출전_231

나는 누구일까

어두운 단어들로 내게 말하는 사람은 누구일까

갑자기 다른 기압에 굴복한 나는 누구일까

이 돌의 공간에서 누구의 목소리가 울리고 있는 걸까

먼지의 먼지가 된 목수의 목소리일까

침묵할 수 없는 순례자들의 목소리일까

내 이름은 어디에 있을까

누가 내 이름을 가져가려 하는 걸까

바람이 머리 위의 모자를 앗아가듯

누가 그 이름을 빼앗으려 하는 걸까

일인칭 복수형으로
—율리안 코른하우저[1]에게

남이 입던 단어,
남의 입 속의 숭고함과 절망을 입고,
남의 공포 속으로 걷는다.
백과사전에서 늙음을 발견하고,
밤이면 전쟁이 일어난 척
바친스키와 이야기하며,
서둘러 짐을 챙기고,
옛 시인들을 회상하며,
역으로 나선다. 파시즘을 비판한 후,
의기양양하게 일등칸으로 올라,
일인칭 복수형으로
우리의 명민함을 드러낸다. 마치
침묵의 절대음감은 부여받지 못한 사람들처럼.

1_ 율리안 코른하우저Julian Kornhauser(1946~)는 아담 자가예프스키 시인의 친구로 폴란드의 시인이자 산문가이며 문학 평론가이다.

독자에게 온 편지

죽음에 대한,
그림자에 대한 내용이 너무 많아요.
삶에 대해,
평범한 날들에 대해,
정돈된 일상을 향한 바람에 대해 써 보세요.

학교 종이
절제의 귀감이 될 수도 있고,
나아가 학식의 귀감이 될 수도 있잖아요.

죽음에 대한 내용이
어둠에 대한 집착이 너무 많아요.

보세요, 비좁은 스타디움을
가득 메운 군중이
저마다 증오의 찬가를 부르는 모습을.

음악에 대한 내용이 너무 많고,
조화와 안정,

이성理性에 대한 내용은 거의 없네요.

우정의 다리가
절망보다 더 견고하다고 느껴지던
그 순간에 관해 써 보세요.

사랑에 대해 써 보세요.
기나긴 저녁에 대해,
새벽에 대해,
나무들에 대해,
빛의
무한한 끈기에 대해.

신세계

내가 답장을 보내지 않은 편지들은
저들끼리 서신 교환을 하고 있다
읽지 않은 책들은
일곱 개의 상처를 펼쳐 보인다

세상 한가운데 살려면
모든 것에 의지해야 하는 법
죽은 자들과 산 자들이 너를 바라보고 있다

나는 산 자와 죽은 자를 구별하기를 그만두었다
너무 많은 사람들이 죽는다
정말로 모르겠다 시골 화가 파블로 피카소가
아직도 살아 있는지 그의 셀 수 없는 희생자들이 살아 있는지
자기 이야기 속의 주인공들을 병원으로 위문 간
토마스 만이 아직 살아 있는지
드로호비츠[1]의 유대 성인이 오늘날 누구인지
너무나 사랑해서 결국은 결혼하지 못한
위대한 고행자들의 약혼녀들은 어디 있는지
하지만 너는

살아 있다
이 세상 한가운데에
네 오른쪽에는 죽은 사람들이 있고
산 사람들은 아직 없다

너는 그 모든 장소들을 기억한다
집 주인의 결혼사진이 걸려 있던 커다란 방들을
가시 재킷을 입고, 첫 영성체로 향하던 예수의 초상을,
침대의 아프리카들과 호텔 바닥의 서늘한 사각형을 기억한다
허락되지 않은 그 모든 장소들과
사랑의 마지막 성체를 받기 위해
하얀 혀의 손가락을 내밀던 아픈 여인들이
마치 자기 집에 있는 것을 잊기라도 한 듯이
길을 물어 보던 것을
벽 뒤의 숨소리와 황급한 출발들을 기억한다
입술에 지울 수 없는 상처를 가진 얼굴을 겨우 살린 사람들을
강과 호수의 전투원들과
고귀한 피를 공공연하게 뱉어 내던 기사들과 또한
죽음의 붕대로 자신의 상처를 가린 사람들을 기억한다

결국은 너무나 명백해
웨이터들은 웃음으로 숨이 막힐 지경이었지만

1차 대전 이후 태어난 자들은
당의 모임에서 나에게 악수를 청하지 않았다
그들은 손가락 사이에 진흙이 낀 손을 쫙 피고 투표했다
스카르가[2]는 당원증을 반납한 뒤 회의장을 박차고 나갔고
여우와 양이 창을 들고 그를 찾았지만
창에서 꽃이 피어나며 수색은 중단되었다
전쟁의 마지막 날들에 태어난 이들은
사람의 손바닥을 가지고 있었다
전쟁의 마지막 날들에 태어난 이들은
아직 이중 연애의 기술을 몰랐다
너는 또 문 앞에서 수염을 잘린
시인들의 봄을 기억한다
젊은 시인들이 그렇게 늙어 보여서는 안 되는 일이었다
수염은 젊은이의 얼굴을 망치는 것이었다
어떤 이들은 글쓰기를 그만뒀고 다른 이들은
물이 찬 유럽의 심장을 건너며 편지를 보내왔다

막사의 벽들과 신도시의 아파트들에
겨우살이가 장식되고 겨울이 가까워 온다
신세계가 시작된다

나는 고백한다 불을 본 적이 없고 벌레들이 점점 줄어든다는 사실을
기분 나쁜 눈먼 자들이 보이지 않는다는 것을
도로 사고의 혈흔이 흰 모래로 가려지고
우리 모두는 서로 닮아 있다
저녁마다 똑같은 술 취한 중얼거림이
이 나라 모든 노동자들을 단합한다는 것을
나는 고백한다 칼들은 칼집에서 자고 있고
너는 크라쿠프에 살며 시인이라는 것을
너는 슈체친 근처 토포르에 살고 있고
너는 세상의 중심에 사는 항만 노동자
네 오른쪽에는 죽은 사람들이 있고
산 사람들은 아직 없다

축구 리그가 너를 안심시키지 말기를

옛날엔 너도 축구를 했었다 이제는 흔들리지 않는 시선으로
늙은 짐승인 너는 공의 움직임을 쫓고
양복 상의에서 비듬을 털어 낸다
긴 여름밤의 부드러운 풍미가 너를 안심시키지 말기를
여인들이 김 나는 몸으로 집을 나설 때
차가운 목욕물이 너를 안심시키지 말기를
바로 옆에는 원시림이 있고 네 한 걸음 한 걸음이 그 위에
지울 수 없는 자국을 남긴다
나무에서 지느러미가 자랄 수도 있다
새를 길들이는 일이 너를 안심시키지 말기를
만약 다시 시작된다면 새 한 마리 한 마리에서 폭탄이 떨어져 내리고
비둘기들은 매수할 수 없으니 비둘기에게 먹이를 주는 일은 아무런 소용이 없다
늙은 지도자들의 피로와 초상화들의 먼지가 너를 안심시키지 말기를
늙은 지도자들 하나하나에서 제복에 맞춰진 젊은 처형자가 나올 테니까
겨우 통과한 그의 학위증이 너를 안심시키지 말기를

요즘은 어느 때라도 착각할 수 있다 잔디는 화산으로 변하고
자동차 하나하나에서 탱크가 솟아 나온다
런던에서 프로이트의 느린 처형과 긴 연설의 지루함이
너를 안심시키지 말기를 라디오 뉴스를 듣다가 졸지 않기를
너의 이웃은 전혀 졸고 있지 않다 그를 약하게 만드는 것은
결코 사랑이 아니다 그의 잘못된 발음이 너를 안심시키지 말기를
그가 매일매일 힘들게 너에게 설명하는 것들은
이미 옛날에 말해진 것이니
나는 전쟁에 대해 생각하지 않는다 다행스럽기까지 하다 가장 똑똑한
청년들이 죽으면 네가 위로 올라갈 것이다
그리고 회고담을 쓰겠지 나는 전쟁에 대해 생각하지 않는다
보이지 않는 전쟁이 이렇게 많다는 사실이 너를 안심시키지 말기를
어떤 일이 생길지 모르니 집집마다
다른 집들이 숨어 있다 너의 모든 몸짓은
다른 몸짓일 수도 있었다 네가 말하는 모든 것을
다르게 말할 수도 있었다 다른 친구들을

바로 그 여자를 전혀 만나지 못했을 수도 전혀 다른
여자를 만났을 수도 날개처럼 얼굴에 고정된 그녀의 미소가
너를 안심시키지 말기를 네 모든 생각도
누군가 다른 사람의 생각일 수 있었다 너는 그런 생각을
접하지도 못했을 수 있었다 지금과는 전혀 반대로 생각할 수도
있었다
그럼에도 불구하고 나는 말하련다 너는 더욱더
너 자신의 생각에 사로잡혀 있다는 것
네 이마의 주름이 너를 안심시키지 말기를
이 모든 것이 단지 빌려 온 것이니까
너의 새 아파트가
닮지도 않게 나온 신문의 사진이 너를 안심시키지 말기를
이 모든 것은 이중으로 빌린 것이니까
너는 긴장하여 준비하고 서 있다 그래도 아무것도 아니다
너는 발가벗어서 꿈마다
진짜 너인 노인이 돌아온다
시가 너를 안심시키지 말기를
아예 읽지 말기를, 너는 시간도 없다
시간도 네가 없으며 너의 손목을 붙들고

네가 새라면 발톱을 잡고 너를 틀어막는다
너는 너무 천천히 생각한다 천식일 뿐이라고
의사들의 혁명가[3]가 너를 안심시키지 말기를
모든 일이 일어날 수 있다
정상적인 것들은 가장 짧게 지속되고
비정상적인 것들을 이해하기는 너무 쉽고
순응하기는 더욱더 쉽다
그 쉬움이 너를 안심시키지 말기를

나는 고백한다 날씨가 좋다는 것을
과수원 같은 호텔에는 출장 도장을 찾고 있는
붉은 뺨의 유쾌한 남자들로 가득 차
행복으로 초라해진 여인들의 보살핌을 받으며 어려운 수술에 들어간다
그러다 그들 중 누군가는 돌아가지 않을 수도 있다
수색이 시작된다
스탠리는 다시 한 번 아프리카로 떠나고
노빌레[4]는 극지로 떠나고
인공위성들은 눈도 깜짝하지 않고

가가린은 어머니와 작별하고
소크라테스는 법정에 서고
콜럼버스는 한밤중에 침대에서 소환된다
너무나 많은 사람들이 죽었다
이미 나는 그중 누가 살아 있는지
그리고 누가 방금 죽었는지
알지 못한다

1_ 시인이 태어난, 르부프에서 60킬로미터 떨어진 산악 도시.
2_ 피오트르 스카르가Piotr Skarga(1536~1612)는 폴란드의 예수회 신학자이자 지그문트 3세 왕의 고문관이며 빌뉴스 대학의 초대 총장이다.
3_ 원어는 "the International"이다.
4_ 움베르토 노빌레Umberto Nobile(1885~1978)는 극지 탐험가 아문센과 함께 직접 만든 비행선을 타고 북극 정복에 나섰던 탐험가이다.

철학자들

우리를 속이는 건 그만 둬 철학자들
노동은 즐거움이 아니고 인간은 가장 중요한 목적이 아니야
노동은 죽음의 땀, 신이여 내가 집으로 돌아갔을 때
나는 잠들고 싶었어 하지만 꿈은 단지 나를 다음날로 전달해주는
컨베이어 벨트일 뿐, 태양은 가짜 동전, 아침이면
태어나는 아이처럼 부풀어 오른 내 눈꺼풀을 찢고
내 손은 두 명의 외국인 노동자, 하다못해
사회생활을 하고 있는 나의 눈물마저 온전히 내 것이 아니야 마치
새털 같은 입술과 뇌와 함께 부풀어 오른 심장을 가진 웅변가들처럼
노동은 즐거움이 아닌 불치의 고통
마치 바람 시민이 높은 가죽 장화를 신고 지나가는 신도시처럼
열려 있는 양심 같은 질병

타인의 아름다움에서만

타인의 아름다움에서만
위안이 있다, 타인의
음악에서만, 타인의 시에서만.
타인들에게만 구원이 있다.
고독이 아편처럼 달콤하다 해도,
타인들은 지옥이 아니다,
꿈으로 깨끗이 씻긴 아침
그들의 이마를 바라보면.
나는 왜 어떤 단어를 쓸지 고민하는 것일까,
너라고 할지, 그라고 할지,
모든 그는 어떤 너의 배신자일 뿐인데, 그러나 그 대신
서늘한 대화가 충실히 기다리고 있는 건
타인의 시에서뿐이다.

다수에 대한 찬가

나는 모든 것을 이해하지 못한다, 이 세상이
이렇게 불안한 것이 다행스럽기까지 하다.
바다는 물과, 비와,
1980년, 독일과 체코의 국경 근처 연못에서의
수영의 의미를 이해하려는 나의 지력을 넘어선다.
세부 사항은 별 의미가 없고, 독일의 연못은 깊었다.
산소 부족한 자아가 편하게 숨 쉬길, 수영하는 사람은
자오선을 넘고, 저녁에 올빼미는 대낮의 잠에서 깨어나고
멀리서 자동차들이 게으르게 붕붕거린다. 한 번이라도 철학을
접해 본 사람은 길을 잃고,
시는 그를 구해 주지 못한다,
언제나 알 수 없는 나머지들이 남아 있다, 아쉬움처럼. 한 번이라도
시의 미친 달리기를 경험한 자는
이제 산문의 견고한 평안을 알 수 없다. 한 번이라도 살아 본 사람은
사계절의 변화하는 즐거움을 잊지 못한다. 그의 꿈에는
야생 우엉과 쐐기풀과
도마뱀보다 그리 못생기지 않은 거미들이 나올 것이다. 한

번이라도
  아이러니를 접해 본 사람은
  선지자의 강의에서 웃음을 터뜨릴 것이다, 한 번이라도
  마른 입술로만 기도하지 않은 사람은
  벽에서 반사되는 이상한 메아리의 존재를 기억할 것이다, 한 번이라도
  침묵했던 사람은, 후식 앞에서 입을 열지 않을 것이다
  사랑의 상처를 입은 사람은
  바뀐 얼굴로 책들에게 다시 돌아올 것이다.
  하나뿐인 영혼이여, 너는
  과잉에 맞서 있다. 두 개의 눈, 두 개의 손,
  열 개의 영리한 손가락 그리고 단 하나의
  자아, 오렌지 한 조각,
  자매들 중의 막내. 듣기의 즐거움은
  보는 즐거움을 망치지 않고,
  자유의 흥분 상태는
  남은 온화한 감각들을 일깨운다.
  평화, 두터운 무$_{無}$, 9월의 배처럼 단 즙으로 가득한.
  행복의 짧은 순간은 산소의 엄습으로 사라지고,

겨울이면 외로운 까마귀가 부리로
호수의 흰 얼음을 쫀다, 혹은
도끼의 위협을 받은 딱따구리 한 쌍이 내 창문 아래에서
적당히 병든 백양나무를 찾고 있다.
존재하지 않는 여인은 긴 편지를 쓰고
그리움은 아편처럼 팽창한다. 이집트 박물관의
갈색 파피루스 위에 몇천 년이나 된, 단단히 부서지지 않는
같은 그리움이 묻어난다.
연애편지는 언제나
결국은 박물관에서 끝난다, 연인들보다는
호기심 많은 사람들이 더 끈질기니까. 자아는 탐욕스럽게
공기를 들이마시고, 이성은
낮잠에서 깨어나고, 수영하는 사람은
물 밖으로 걸어 나온다. 아름다운 여인은
행복을 가장하고, 남자들은 실제보다
조금 더 용감한 척하고,
이집트 박물관은 인간의 약함을
감추지 않는다. 존재하기, 오로지 좀 더 존재하기 위해
어쩌면 저 차가운 별들 중 하나에

스스로를 내주어야 할지도 모른다. 그리고 가끔은
그 별이 연못의 개구리처럼
차갑고 미끌거린다며 비웃어야겠지. 시는
모순에서 자라지만 모순을 넘어서지 않는다.

* * *

네게서 온 전화가
네게 쓰던 내 편지를 중단시켰다.
내가 너와 얘기하고 있을 땐,
방해하지 마. 두 개의
부재는 엇갈리고
한 개의 사랑은
붕대처럼 찢긴다.

5월에

5월에, 동틀 무렵 숲을 거닐며
나는 물었다. 어디에 있느냐,
죽은 자들의 넋이여. 어디에 있느냐,
청춘에 세상을 등진 자들아, 어디에 있느냐,
완벽하게 사라져 버린 존재들이여.
거대한 침묵이 숲을 휘감았고,
나는 들었다, 초록빛 잎사귀들이 꿈꾸는 소리를,
나무껍질의 꿈을 들었다,
나룻배와 돛단배가 껍질을 깨고 나오는 꿈을.
나뭇가지 뒤에 모습을 감춘 채
방울새와 지빠귀와 찌르레기들이
천천히 화답하기 시작했다.
저마다 다른 목소리로, 다른 이야기를 재잘거렸다,
빈정거림도, 회환도 없이,
그 무엇도 구걸하지 않으면서.
그제야 나는 깨달았으니, 너희들은 노래 속에 깃들어 있다는 걸.
음악처럼 잡히지 않고, 음표처럼 무심하게,
우리에게서 멀리 떨어져 있다는 걸,
우리가 서로에게 그런 것처럼.

새로운 경험

우리는 새로운 경험을 했다-
기쁨, 그다음엔 좌절의 맛, 슬픔,
그리고 희망의 부활-
이런 식의 새로운 경험은
19세기 회고록에서도
얼마든지 발견된다.
과연 무엇이 새롭다는 걸까?
우정? 친밀감?
사람들 사이의 연대?
한순간 반짝 모습을 드러냈다가
현수막처럼 다시 둘둘 말려 자취를 감추고 마는 용기?
심장의 박동? 우리가 진정 함께 있다고 여기면서
두려움을 넘어 낯설음조차 모두 극복했다고 믿었던
이른 아침의 그 한순간?
잠자리의 날갯짓처럼 맑고 경쾌한 교회의 종소리?
생존의 잔재? 지식?
물음표?

이민자의 노래

이방의 도시에서 태어난 우리는
그곳을 고국이라 부른다, 머지않아
우리는 그들의 성벽과 첨탑에 경의를 표하게 되리라.
동쪽에서 서쪽으로 행군하는 우리의 눈앞에서
불타는 태양의 거대한 고리가 굴러간다,
마치 서커스의 한 장면처럼, 길들여진 사자가
뛰어올라 고리를 관통한다. 이방의 도시에서
우리는 옛 거장들의 작품을 본다,
그 오래된 그림 속에서 일말의 놀라움도 없이
자신의 얼굴을 발견한다. 우리는 예전부터
존재해 왔고, 고난이 뭔지도 알고 있었던 게다,
다만 적절한 어휘가 부족했을 뿐.
파리의 정교회 예배당에서 머리가 허옇게 센
마지막 남은 러시아인들이 기도를 한다,
자신들보다 몇백 년은 더 젊고, 자신들과 마찬가지로
무기력한 신에게. 이방의 도시에 우리는
남겨지리라, 나무처럼, 바위처럼.

힘

나뭇가지 속
식물의 수액 속에서
박동하는 저 힘은
시詩 속에도 깃들어 있다
단지 고요하게 가라앉아 있을 뿐.

입맞춤 속에서
욕망 속에서
도사리고 있는 저 힘은
시 속에도 움트고 있다,
단지 숨죽인 채 잠잠히 있을 뿐.

나폴레옹의 꿈속에서
러시아와 설원을 정복하라고 부추기며
꿈틀대는 저 힘은
시 속에도 존재하고 있다,
단지 꼼짝 않고, 가만히 있을 뿐.

저녁 무렵, 이성理性에게 띄우는 엽서

무엇 때문에 현실의 몽환적인 정원에
네 밝은 빛으로 그림자를 드리우느냐?
손전등과 개 한 마리를 대동한
겁에 질린 야간 경비원처럼
울타리도 치지 않은 과수원을 너는 지나가고
나뭇가지들이 네 관자놀이를 건드리는구나.
아, 불필요한 불빛이여, 무엇 때문에 어둠을 지우는가,
어찌하여 나방과 젊은 과부들은 네 차가운 불꽃 속에서
뜨겁게 타올라 판단력을 잃고 마는가?

미래

미래는 존재한다, 단지 그에 관해 우리가 아는 것이
거의 없을 뿐.
현관에서 손수건을 잃어버린 우아한 숙녀와도 같이
미래는 우리에게 더도 덜도 아닌
딱 그만큼의 흔적만을 남긴다.
무엇이 미래에 속하게 될지 우리는 모른다.
꽃이 활짝 핀 라일락 가지
셔츠에 묻은 짙은 갈색 얼룩
아니면 새벽녘의 잿빛 무無.

과거에

과거에 우리는 보이지 않는 것들을 믿을 수 있었다,
그림자를, 그 그림자의 그림자를,
어두운 빛을, 그리고 눈꺼풀과 같은 연분홍빛을.
아, 카메라가 입을 벌려 영상을 물어뜯는다.
그러므로 지금 우리가 믿을 수 있는 건
단지 지나간 과거일 뿐,
마치 그 옛날 초라하기 짝이 없던 과거에 우리 자신과,
우리의 자손과, 그 자손의 자손을 믿었던 것처럼,
당통과 로베스피에르, 베리아와
야심에 찬 또 다른 신봉자들이
각 세대마다 교묘히 설치해 놓은 덫으로부터
빠져나올 수 있다고 꿈꾸던 시절처럼.
피난처가 없으므로 피난처가 있기에.
들리지 않는 소리와 더불어
보이지 않는 대상 또한 존재하기에.
위로는 없지만 위로가 존재하기에,
욕망의 팔꿈치 아래,
눈물방울에 추억이 깃들어, 진주로 맺히는 그곳에.
하지만 심연으로부터 튕겨 나오면서도

스케이트 선수는 균형을 잃지 않는다.
새벽과 우유배달부는 눈 위에
머지않아 물이 고일 새하얀 발자국을 남기며
이른 아침을 연다.
작은 새 한 마리가 그 물을 마시고, 노래를 부른다,
다시금 사물의 무질서가 너와 나,
그리고 노래를 구원한다.

거리의 한 귀퉁이에서

거리의 한 귀퉁이,
그 어떤 도시에도 속하지 않은 곳,
소맷자락마냥 길게 늘어나서
다른 도시의 엇비슷한 거리들과
복잡하게 뒤엉킨 그곳에서
한 노파가 도둑고양이들에게
먹이를 주며 나른한 목소리로 고양이들을 향해
농담을 던진다.
고양이들의 연분홍빛 혓바닥이, 가녀린 난초가
여인의 손가락을 핥고 있다.

잘 모르던 어느 여인의 죽음에 부쳐

나는 당신을 아주 조금밖에 몰랐다, 아니 거의 알지 못했다,
아마 당신도 내가 어떤 사람인지
잘 몰랐으리라. 어느 가을 당신을 거리에서 만났을 때,
당신은 걸어갔다, 마치 가슴속에서 용서가 샘솟듯
격렬하게, 뚜벅뚜벅, 사방을 향해.
당신은 우정의 징표를 안고 있었고,
그 자체로 화해였다. 그 후로도 몇 차례
당신을 보았다, 언제나 먼발치에서,
마치 낯선 나라나 과거를 보듯이.
한밤중에, 새벽에, 실이 끊어지고 엉킬 때,
당신의 삶 내면에서
당신이 어떤 사람이었는지 나는 모른다.
훗날 누군가가 당신이 병원에서
고통 속에 숨을 거두었노라 전해 주었다.
당신의 이름이 적힌 부고가 꽤 오랫동안
돌담과 나무줄기에 매달려 있었다,
너무 일찍, 모르는 주소로 발송돼 버린
편지 봉투에 붙여진 우표처럼.

과일
―체스와프 미워시[1]에게

인생이란 손에 잡히지 않는 것,
단지 기억 속에서, 비실재非實在 속에서
그 윤곽을 드러낸다. 손에 잡히지 않는 또 다른 것들,
무르익은, 소란스런 오후, 수액이 가득한 잎사귀들, 둥그런 과일,
길 건너편에서 걸어가는 여인들의 실크 옷자락이 스치는 소리,
학교에서 돌아오는 소년들의 함성. 손에 잡히지 않는 것들.
평범한 사과조차도 불가사의하게 둥글다.
무더운 기류 속에서 수관樹冠[2]이 떨고 있다.
지평선 너머 손에 잡히지 않는 산.
닿을 수 없는 무지개. 뭉게구름이 만든 거대한 절벽이
하늘 위를 천천히 유영하고 있다. 손에 잡히지 않는,
풍요로운 오후. 나의 인생,
소용돌이치는, 손에 잡히지 않는, 자유로운.

1_ 체스와프 미워시Czesław Miłosz(1911~2004)는 1980년에 노벨문학상을 수상한 폴란드의 시인이자 소설가, 수필가이다. 대표작으로 소설 《이사의 계곡》, 역사비평서 《권력의 장악》, 《사로잡힌 영혼》, 시집 《익명의 도시》, 《진주에 바치는 찬가》 등이 있다.
2_ 나무줄기 윗부분의 가지와 잎이 갓 모양을 이룬 부분을 말한다.

프란츠 슈베르트의 기자 회견

네, 짧게 살았습니다, 네, 사랑했지요,
빛이 커져 가는 것을 느꼈어요, 제 손가락 아래에서
불꽃들이 태어났지요,
네, 시간이 별로 없었습니다, 얼마나 남았는지는 몰라요,
그레첸,[1] 일찍 죽어간 이들,
잘못된 사랑에 빠진 이들 때문에 마음이 아팠어요.
네, 불꽃은 말이 없지 않아요, 네,
얼음 같은 숲을 가로질러 뛰었습니다,
눈의 추적과, 노란 별들과
양식의 낯섦을 추궁당하면서요, 아니 경찰이 아니라
악마인지는, 나도 몰라요. 시대는 없었어요,
풀은 녹색이었고, 물푸레나무들, 움직이지 않는 것들,
연못 위의 잠자리들,
시대는 없었어요, 나무 바닥,
과묵한 의자들, 네, 비엔나,
커피 맛은 지금과 같았고,
비둘기들은 창틀에 앉아 있었지요, 아니오,
민족들의 봄[2]을 예상하지 못했어요,
모릅니다, 기억이 나지 않아요, 이 질문은 너무

개인적이군요. 아니오, 바그너 음악은
모릅니다. 우리가 서로
이해할 수 있었냐고요? 후회, 어쩌면 질투,
운명이었는지는 몰라요, 장갑,
눈송이들은, 폭풍우로 변하지만 않는다면 너무 고왔어요.
그 소녀의 초록빛 눈.
운명은 저에게 너무 컸어요, 천막처럼,
심장은 거대한 홀에서
서투르게 고동쳤어요, 네, 재능
물어뜯긴 쓰디쓴 커피콩.
아니오, 겁이 났어요, 모든 것이 나를 향해 오고 있었어요,
용병들의 군대가 나에게 달려들었지요.
아, 어떻게 저를 넬슨 장군과 비교할 수 있나요,
아니에요, 그림자들은 커지고, 속삭임들은
마치 대성당의 종처럼 울렸어요, 겉치레만이
짖어 댔죠, 네, 고백합니다, 가끔은 헷갈렸어요,
어떻게 내가 슈베르트라는 것을 알 수 있었겠어요, 나는 되어
가는 중이었어요.
 길을, 색깔을 찾으면서, 그래서 당신들이

나를 알아보지 못하고, 메아리만 들은 거예요.
네, 그 해협에 내가 있었어요, 고통이
노래로 바뀌는 그곳에,
네, 숲은 영원히 푸르고, 사랑은
절대로 응답이 없고, 무심함의
기쁨, 아니 표현의 행복을 말하려 했어요,
죽음과 삶의 중간 지점쯤,
정확히 중간에, 네, 춤추는
사람들의 함성이 여기까지 들리네요,
하지만 기억의 젤라틴이 잘라 버리죠.
뒤돌아보지 마, 방향을 착각해선 안 돼,
네, 물론, 삶은 노래 안에
들어가지 않아요, 노래는 작은 노아의 방주일 뿐,
여러분 모두 아시겠지만, 인간이 아니라
종만이, 꽃 이름이 아니라 과만이
향기가 아니라 명칭이죠, 하지만 우리는
들판처럼 야생으로 무성하게 살았어요,
잡초와 바람, 민들레와 아네모네로서,
무한한 색채와 소리의 복수형 속에서

열정적으로 아무 말 없이, 숨찬 심부름꾼들의
요청에 응하면서, 결혼 피로연에서,
죄와 기도에서, 아침과
저녁, 지루함과 웃음 속에서,
영원한 춤은 계속되고, 5월, 6월,
얼마나 많은 일들이 일어났는지, 공포와 놀이,
베인 손, 벌린 입,
진짜 입맞춤과 꿈속의
입맞춤, 땋은 머리, 이삭들,
너의 눈길, 베란다, 침묵,
그리고 아무것도, 가을의 진홍, 네, 모두
기억합니다, 긴 전선 위에 앉아 있는 종달새들,
양귀비꽃들과 개암나무들, 도시의 따뜻한 벽돌들,
어둠의 잦아드는 목소리, 밤—
아이들이 보물을 간직하는
상자, 꿈과 깨어 있음, 추위에 떠는
창백한 하늘의 금성을.
네, 지금은 더 나은 편이에요, 노래 속에,
빛나는 피아노의 가운 옆에

두 입술이 서로 이야기를 나눌 뿐,
네, 저는 이미 피곤합니다, 아니오,
불만을 얘기한 것은 아니었어요.

1_ 슈베르트의 가곡 〈물레 잣는 그레첸〉에서.
2_ 1848년 즈음 빈 체제에 반대하여 전 유럽에서 일어난 민족주의 봉기 운동을 가리킨다.

나방

굳게 닫힌 창문 너머로
나방들이 우리를 쳐다보았다.
식탁 앞에 앉아 있는 우리를 나방들이 쳐다보았다,
그들의 연약한 날개보다 훨씬 견고한, 이글이글 타오르는 시선
으로.

그들은 영원히 유리창의 바깥에 존재할 것이고,
우리는 여기 안쪽, 점점 더 깊숙한 내부에
머물게 되리라. 굳게 닫힌 창문 너머로
나방들이 우리를 쳐다보았다, 8월에.

책을 읽으며

책을 읽으며, 저런, 우리는 잊곤 했다,
누가 책을 썼는지, 각 페이지마다,
각 문장마다 어떤 사투가 벌어졌는지를.
연극 무대에서처럼, 움직이는 검은 숲이 순식간에 무성히 자라
깃펜을, 공중에서 낚아챈 화살깃을,
해질 무렵, 반쯤은 현실에 속한 새들로부터 몰래 훔쳐 온
깃털을 송두리째 뒤덮어 버린다.
이제 책들은 벤치에 앉아 볕을 쬐는 늙은이처럼
관심에서 멀어져 잊힌 채로
서가에 꽂혀 있다.
책을 읽으며 우리는 잊어버리곤 했다.
두려움이란 밤마다 스스로를 무서워하는 늑대와 같다는 걸,
어디에 거울이 있는지, 자신의 찢어진 눈 속에서 희미하게 타오르는
노란 불빛을 끌 수 있는 우물이 어디에 있는지 알지 못해
불안에 떨고 있는 늑대와 같다는 걸.
우리는 책을 읽었다, 안도감과 더불어 깨우침을 얻기 위해.
플라톤의 야수가 얼마나 위험한지를.
졸린 사자는 대낮에만 살생한다는 사실을.

한밤에 부는 바람

한밤중에 바람이 불기 시작했다,
분노에 찬, 젊은 바람,
거품 가득한 와인, 동방의 왕자.
산 자와 죽은 자의 언어를 섞어 가며
알아듣기 힘든 목소리로 떠들어 댔다,
그 속에 바빌론의 저주도,
비잔티움의 종소리도 실렸다.
바람의 오만한 타격에
나무들은 고분고분 제 몸을 숙이고,
부서질 듯 초라한 우리의 오두막 덧문은 몸서리를 쳤다.
무슨 말인지 거의 알아듣지 못한 채
우리는 무심하게 바람의 목소리를 들었다.
그리고 다시 꿈속으로, 사랑으로 돌아갔다.

고딕

서늘한 대성당에서 나는 누구일까,
어두운 단어들로 내게 말하는 사람은 누구일까,
갑자기 다른 기압에 굴복한 나는 누구일까,
이 돌의 공간에서 누구의 목소리가 울리고 있는 걸까,
먼지의 먼지가 된 목수의 목소리일까?
이미 사라졌지만,
침묵할 수 없는 순례자들의 목소리일까?
날렵한 천장 아래 묻힌 나는 누구일까,
내 이름은 어디에 있을까,
누가 내 이름을 가져가려 하는 걸까,
바람이 머리 위의 모자를 앗아가듯,
누가 그 이름을 빼앗으려 하는 걸까.

우리가 아는 동물에게서 껍질을 빌려 온 작은 악마들이
점프대 위의 잠수부처럼 아래를 내려다본다, 아래에는
초록빛 땅의 바다가 펼쳐져 있다. 작은 도시의 고문에 지루해진 악마들,
경직된 조그만 심장을 가진 작은 공산주의자들,
아아, 이들 역시 나뭇잎들처럼, 도마뱀들처럼, 쐐기풀처럼 창조

되어,
반쯤은 공중에 반쯤은 돌 바깥으로 몸을 내밀고
교회 밖에서 자라나고 있다.
비에 젖은 축축한 설교로 이들의 목을 헹구고
중얼거림과, 발전과, 당과 배신이,
좁은 후두 속으로 강물이 흐른다.

인공 폭포 소리를 듣지 마,
안으로 돌아가, 화강암의 늑재 궁륭으로
인생이 거품 같고 날카로운 곳으로,
고딕의 아치들이 게으른 시간을 빗고
풀밭에 놓인 변신론辯神論처럼
오만한 기도 속에 지속되는 곳으로.
높이와 그림자가 있는 곳으로,
갈망과 고통, 기쁨과 함께,
창조하고 죽이고 모든 빛과 모든 욕망에 불을 붙이고 파괴하는
좋은 신에 대한 믿음이 있는 곳으로,
아름다운 얼굴들에 펜촉으로 세월의 긴 편지를 쓰고
아브라함을 유혹하고 로마의 탑들과 아우슈비츠의 막사들을

세우고
　침묵하는 강둑에서 자장가를 부른 다음 번개 속에 사라지는 신에게로,
　돌아가, 돌아가, 집중의 호수들이 산처럼 우뚝 솟은 곳으로,
　청원과 맹목의 금속이 식어 가는 곳으로.

　너는 길을 잃고
　바빌론의 광장처럼 펼쳐진 대성당을 헤맨다.
　이미 어두운 밤, 낯선 소리와 속삭임과 외침을 듣는다. 제비들은
　찢어지는 목소리로 울부짖고, 누군가는
　카인보다 더 오래된 고통의 목소리로 통곡한다.
　어딘가 먼 곳에서 덧문이 영원히 닫히고
　노란 흙은 북처럼 참나무 판자 위에 떨어지고,
　누군가 커다랗게 웃고 있다, 너는 혼자다,
　웅변가도 안내원도 없이, 숲을 걷는다,
　거대한 고사리 잎들은 네 앞에서 몸을 숨기고
　약초와 꽃들, 하얀 메꽃들은 향기를 뿜고
　가끔 죽은 자들은 편안한 말들을 찾아내고

물푸레나무 이파리는 빛나고,
올빼미는 덩굴처럼 부드럽게 날고 나무들은
단 한 음절을 말하기 위해 가볍게, 가볍게 열린다.

나는
당신의 존재를 반짝이는 어둠 속에서 느껴요
종이 뭉치는 찢겨져 있고 계속해서 새로 늘어나요,
아무런 흔적 없이, 아무런 상처도 없이. 나는
여러 언어를 들어요,
사랑하는 이들의, 증오를 택하는 이들의
배신자들과 배신당하는 이들의 목소리를, 한숨을, 애도와 희망을,
그들 모두는 긴 미로 속을 여행 중이에요.
그들 위에 불꽃이, 환영의 불꽃이 피어올라요.
나는 당신의 존재를 느껴요, 침묵을 들어요.

르부프[1]로 간다
—부모님께

르부프로 간다. 어떤 역에서 르부프로 간다
만약 꿈속이 아니라면, 새벽, 아침 이슬은 여행 가방에 맺히고
급행열차도 고속열차도 지금 막 생겨났다. 갑자기
르부프로 간다, 한밤중, 대낮에, 9월
아니면 3월에. 내 새 여권뿐 아니라 국경의 꺼풀 아래
르부프가 존재하기만 한다면, 물푸레나무가 깃발처럼 늘어서 있고
백양나무들이 인디언들처럼 요란하게 숨을 쉬고
시냇물들이 자신의 검은 에스페란토로 중얼거리고
풀뱀들이 러시아어의 약자 표시처럼
수풀 사이로 사라지고 있다면. 짐을 싸서 가자, 작별 인사도
아무것도 없이, 정오에, 기절해 버린 여인들처럼
사라지자. 우엉들, 푸른 우엉 잎의 군대 아래
베니스 카페의 차양 아래에서, 달팽이들은
영원에 대해 이야기하고 있다. 하지만 대성당들은 세워지고,
기억하는가, 그렇게 수직으로, 마치
일요일처럼, 흰 냅킨처럼, 마루 위에 놓인
나무딸기로 가득한 양동이처럼 그렇게 수직으로,
나의 열망은 아직 존재하지도 않았다,

정원과 잡초들과 거대한 체리와 점잖지 못한 프레드로[2]만 있었
을 뿐.
르부프는 너무 많았다, 누구도 도시 구역을 다 이해하지 못했
고,
태양에 달궈진 돌 하나하나의
속삭임을 들을 수도 없었다, 정교회 성당은 밤이면
대성당과는 전혀 다르게 침묵했다, 예수회 신부들은
모든 식물들에, 나뭇잎 하나하나에 세례를 주었지만
식물들은 아무런 기억 없이 자라났다, 기쁨은 모든 곳에
도사리고 있었다, 복도에, 혼자서도 돌아가던 커피 가는 기계
들 속에,
푸른 찻주전자 속에, 최초의 형식주의자였던
녹말 속에, 빗방울과 장미
가시 안에도. 창문 아래에는 얼어붙었던 개나리가 노랗게 꽃을
피웠다.
종들은 울리고 공기는 떨렸다, 수녀들의 모자는
배처럼 극장 아래를 떠다녔고, 세계는 너무나 다양해
끝없이 앙코르를 외쳐야만 했다,
청중들은 흥분했고 자리를 떠나려고 하지 않았다. 우리 이모

들은

   언젠가 내가 그들을 부활시켜 또다시 그렇게 순진하게, 그렇게 외로이
   살게 되리라는 것을 몰랐다,
   깨끗하게 잘 다림질된 옷을 입은 하인들은
   신선한 크림을 구하러 뛰어다니고, 집 안에는
   약간의 미움들과 커다란 희망이 자리했었다. 브죠조프스키[3]가
   특강을 하러 왔고, 삼촌 중 한 명이
   '도대체 왜'라는 제목의 시를 전지자에게 바친, 너무 많은
   르부프가 있었다. 그릇에 다 담을 수 없는,
   컵에서 넘쳐흐르고, 늪과 호수에서 범람하며 모든
   굴뚝에서 연기를 뿜어내다 화재로, 폭풍으로 바뀌어 버리는,
   번개 치며 웃고, 굴복하고,
   집에 돌아오면 신약성서를 읽고
   후출스[4] 지방의 벽걸이 아래 간이침대에서 잠드는
   너무 많은 르부프가 있었다, 그리고 지금은
   조금도 없다, 도시는 끊임없이 자라나고 가위는
   자른다, 차가운 정원사들 언제나 같은
   5월, 인정도 애정도 없이,

아아 제발 기다려 줘, 따뜻한 6월과
부드러운 고사리 잎과, 끝없는
여름 들판 곧 현실을,
하지만 가위는 그어진 선에 따라, 천을 가르듯
재단사들, 정원사들, 그리고 검열자들은 업무처럼 매섭게
전정가위로 몸과 꽃관을
백조나 사슴을 오려 내야 하는
어린이들의 종이 본처럼,
가위들, 칼들, 면도칼들이 몸속으로 파고 들어와
화려한 고위 성직자의 가운과 광장과 오래된 집들을 줄여 버리고,
나무들은 정글에서처럼 소리 없이 쓰러지고,
대성당은 몸을 떨고, 새벽이면
손수건도 눈물도 없는 작별, 그렇게 바싹 마른
입술, 너를 다시는 보지 못할 거야, 수많은 죽음이
너를 기다리겠지, 왜 모든 도시는
예루살렘이 되어야 하는 걸까, 그리고 왜 모든 사람은
유대인이 되어야 하는 걸까, 그리고 이제 오로지 서둘러
짐을 싸, 언제나, 매일매일

그리고 숨도 쉴 새 없이, 르부프로 간다, 사실 르부프는
복숭아처럼 편안하고 깨끗하게
존재하니까. 르부프는 어디에나 있다.

1 _ 2차 세계대전 이후 소비에트에 속하게 된, 현 우크라이나 영토에 자리한 폴란드의 고도古都, 시인과 시인 집안의 고향이다.
2 _ 르부프에서 활동했던 폴란드의 희극 작가 알렉산데르 프레드로Aleksander Fredro를 가리킨다.
3 _ 스타니스와프 브죠조프스키Stanisław Brzozowski(1878~1911)는 폴란드의 철학자이자 연극 평론가이다.
4 _ 폴란드인들과 우크라이나인들이 함께 살았던, 고유의 산악 문화와 민족 예술을 간직한 카르파티 산 지역을 통칭한다.

나

작고 8월의 귀뚜라미만큼
보이지 않는다. 모든 난쟁이들이 그렇듯
차려 입고 분장하는 것을 좋아한다. 화강암 아파트들 사이,
편안한 진실들 사이에 산다.
붕대 아래에도, 밴드 아래에도 들어갈 수 있어,
세관원과 수색견들도 찾을 수 없다.
국가國歌 사이, 정당들 사이에도 잘 숨는다.
두개골의 산맥 속에서 밤을 보낸다.
영원한 난민. 그것은 바로 나, 그리고 나,
드디어 친구를 찾았다는 희망을 가지고 있는
바로 나. 하지만 자아는
너무나 외롭고, 너무나 믿을 수 없어, 아무도,
나마저도 받아들이지 않는다.
물이 잔에 고여 있듯 역사적 사건에 집착한다.
이것으로 신석기 시대의 단지도 채울 수 있을 것이다.
만족을 모르고, 수로로 흐르기를 원하며
점점 더 새로운 그릇만을 갈구한다.
벽이 없는 공간을 맛보길 원하고
자신을 흩어 버리기를, 흩어 버리기를 원한다. 그리고 나서는

욕망처럼
　사라진다. 8월의 침묵 속에 들려오는 것은
　귀뚜라미들이 참을성 있게 별들과 대화하는 소리뿐이다.

집중을 흩뜨리지 말라

집중을 흩뜨리지 말라
빛나는 순간들이 멈춰 있게 하라
종이에 이미 자리가 없고 불꽃이 깜빡이고 있다 해도
우리는 아직 우리에게 도달하지 못했다
지식은 사랑니처럼 천천히 자라나고
흰 문에는 높이
인간의 성장이 금으로 표시되는 중
멀리서 트럼펫과 즐거운 목소리
잠자는 고양이처럼 돌돌 말린 노래가 들려온다
지나가는 것은 진공 속에서 돌지 않을 것이다
화부는 아직 불 속에 새 석탄을 던져 넣고 있다
집중을 흩뜨리지 말라
단단하고 건조한 표면에
너는 진실을 새겨야만 한다

델프트[1] 풍경

집, 파도, 구름, 그리고 그림자
(짙은 푸른빛의 지붕과 갈색 벽돌)
이 모든 것이 마침내 온전히 하나의 시선이 되었다.

제어할 수 없는, 검은 빛으로 번뜩이는
사물의 고요한 눈동자.

너희들은 살아남으리라.
우리의 감탄, 우리의 눈물,
우리의 요란하기 짝이 없는, 비루한 전쟁보다 훨씬 더 오래.

1_ 베르메르 Johannes Jan Vermeer(1632~1675)가 1660년경에 완성한 캔버스 유화 작품을 가리킨다. 델프트는 베르메르가 태어나서 평생을 보낸 네덜란드의 도시다.

고요

거대한 대도시에도 이따금 고요가 깃들어
바람결에 실려 온 지난 해 낙엽이
소멸을 향한 끊임없는 방랑을 지속하며
보도에서 뒹구는 소리가 들리기도 한다.

세 개의 음성

방 안에 땅거미의 구름이 몰려든다.
저녁의 그림자가, 고요한 욕망이 커져 간다.
라디오에서 들려오는 말러의 〈대지의 노래〉.
창문 너머 찌르레기의 무심하고 소란스런 지저귐.
동시에 내 피의 고요한 찰랑거림이 들린다
(마치 산에서 눈이 녹아내리는 듯한.)
이 세 개의 음성이, 세 개의 이방의 소리가
내게 말을 건다, 아무것도 원치 않고,
아무것도 약속하지 않은 채.
저 멀리 어디쯤, 외딴 초원에서
무언無言의 속삭임으로 가득한 밤의 행렬이
오랫동안 자리를 배치하며, 행진을 준비한다.

프리드리히 니체와의 대화

존경하는 위대한 니체 씨
나는 당신을 본 것 같습니다,
그래요, 요양원 발코니에서, 새벽녘,
안개가 자욱하고, 새의 목구멍에서
노래가 터져 나오기 시작할 즈음에.

그리 크지 않은 키에, 포탄처럼 동그란 머리를 가진 당신은
새로운 책을 쓰는 중이었고,
기묘한 에너지가 당신을 휘감고 있었습니다.
당신의 생각이 마치 대규모 군대처럼
줄지어 행진하는 것을 나는 본 듯도 합니다.

당신은 알고 있나요? 안네 프랑크가 죽었다는 사실을.
그 애의 친구들과 동급생들,
그 친구들의 친구들, 그리고 사촌들까지
모조리 죽었다는 사실을.

당신에게 묻고 싶습니다. 단어란 무엇인지,
명백함이란 무엇인지, 무엇 때문에 백 년의 세월이 흐른 지금,

대지는 이처럼 무겁게 가라앉아 있건만
단어들은 여전히 뜨겁게 타오르고 있는지.

눈부신 황홀경과 잔혹한 어둠의 고통,
둘 사이에 아무런 관련이 없음은 당연합니다.
적어도 두 개의 왕국이
공존하고 있다는 것만큼은 확실합니다.

만약 신이 죽었고, 다양한 요소들을 아우르는
그 어떤 불가항력도 존재하지 않는다면,
과연 단어란 정말 무엇이며, 그 안에 존재하는 빛은
어디서 비롯된 것일까요?

환희는 어디서 오고, 공허는 어디로 가는 것일까요?
용서는 대체 어디에 있나요?
무엇 때문에 아침이면 소소한 꿈은 자취를 감추고,
거대한 꿈은 도리어 자꾸만 커져 가는 걸까요?

밤

너는 단지 죽었을 뿐이니
우리는 반드시 다시 만나리.
너는 항상 아홉 살일 테니
마지막으로 산에서
널 보았던 그 순간처럼.
8월, 투명하게 무르익은 늦은 오후,
벚꽃 잎조차 흔들리지 않고,
잔디마저 침묵하던 날.
산머루는 어느덧 검게 익어 입을 벌리고,
달콤한 과즙 속에는
봄과 여름의 추억이 녹아들어 있었다.
폭풍우와 아침의 고요, 종달새의 비행도
기억 속에 모두 각인되어 있었다.
눈앞에서 활짝 웃으며 달려가던 너는
우리의 애정 어린 시선이 마치 졸린 자의 숨소리처럼
가볍게 네 뒤를 좇고 있음을 알고 있었다.
그러던 어느 순간, 너는 나무 뒤로, 전나무 그림자 속으로
갑자기 자취를 감추었다. 벌써 저녁이 되어
초록빛 전나무 그늘 속엔 냉기가 감돌았다.

우리는 아직 석양빛이 남아 있는 어스름 속에서
침착하게 물었다, 어디에 있니?
우린 그렇게도 가까이 있었으니까.
우리와 너 사이에 가로놓인 건
졸음에 취한 새의 휘파람 소리와
뒤엉킨 나뭇가지가 만들어 낸 둥근 천장뿐이었으니까.
밤이 천천히 위를 향해 떠올랐다.
회랑을 지나, 터널을 지나.
밤은 그렇게 낮을 통과했다.

실재 實在

나는 태어났다, 야생 체리와
딱딱한 씨를 잉태한 해바라기가 자라는 도시에서.
(상식에 의거해 볼 때, 서쪽과 동쪽의 중간 지점에 위치한 곳,
녹이 잔뜩 쓴 지구본이 무심하게 불침번을 서는 곳.)
과연 실재의 부재不在만이 완벽한 것인가?
결국 실재는 존재의 원죄에 의해,
과잉에 의해, 야만스런 동방의 독단에 의해
타락하고 말았거늘.
아름다움은 마치 과도果刀처럼,
절정의 충만함, 그 일부를 도려내었거늘.
물고기가 떼 지어 서식하는 저수지처럼
세대를 관통하며 한 곳에 축적된 삶이
그 소멸과 더불어 완벽하게 사라지는 법은 없다,
단지 공기처럼 건조해지고 가벼워질 뿐.
첫 고해성사를 하는 소년이 무릎 밑에서
고해소의 나무 바닥이 삐걱대는 소리를 들으며
건조하게 갈라진 입술로 읊조리는 무심한 기도문처럼.
저녁 무렵 가을이 찾아와 누렇게 잘 익은 수확물을
불태우기 위해 거두어 간다.

나는 안다, 하나가 아닌,
적어도 네 개의 현실이 공존하고 있음을,
이 모든 것들이 마치 사복음서처럼
서로 뒤엉켜 있음을.
나는 홀로 있지만, 동시에 너와 이어져 있다,
지속적으로, 행복하게, 그리고 고통스럽게.
나는 알고 있다, 불멸로 남는 건 단지 비밀뿐이란 걸.

역사 소설

도심 한복판에서 책략가들이 회동한다.
승리는 우리의 것, 유다가 말한다.
늙은 왕자가 왕궁에서 코를 곤다. 시계가 종을 울린다.
밀가루 향기가 퍼져 나간다. 제빵사의 견습생이 입이 찢어져라 하품을 한다.

시인이 거위 털로 만든 깃펜을 집어 든다.
오늘 부드러운 필치를 고수할지, 거칠게 나갈지 아직은 미정.
극장에서 오셀로가 자신의 대사를 잊어버린다.
어쩌면 이번에는 데스데모나가 구해 줄 차례.

석학들은 놋쇠 현미경을 들여다보며 연구에 몰두 중.
주교는 너무 많은 일들이 벌어진다며 한숨을 내쉰다.
인쇄공은 내일 자 일간지에 실릴 부고를 인쇄기에 배열한다.

불명확한 별자리에서 한 아이가 태어난다.
하녀가 달력의 한 페이지를 뜯는다.
악령이 잠을 잔다. 이성도 잠이 든다. 유감스럽게도.

캔버스

말없이 서 있었다, 어두운 그림 앞에,
코트나 셔츠, 깃발이 될 수도 있었지만,
결국 우주가 되어 버린
캔버스 앞에.

말없이 어두운 캔버스 앞에 서 있었다,
감탄과 혐오를 잔뜩 품은 채 생각했다,
미술의 기법을, 삶의 기법을,
춥고 공허한 무수히 많은 날들을,

무기력했던 순간들을,
종의 추錘처럼
이리저리 흔들릴 때만 살아나던
내 궁핍한 상상력을,

사랑하는 것을 두드리면서,
두드리는 것을 사랑하면서
나는 생각했느니, 이 캔버스는
어쩌면 수의壽衣가 될 수도 있었노라고.

돌

너는 지금 검은 문 저편에 살고 있지만
아무도 너의 주소를 모른다.
어쩌면 너는 밤의 주름 속에 자취를 감췄나 보다.
그러나 밤은 방랑하는 제비처럼
무심하게 왔다 가느니.
창문이 열렸다 닫히고,
기차가 언덕 위를 유유히 달리고,
사과는 초원 위로 떨어지고, 히스[1]는 향기를 내뿜으며
주위의 만물이 생존을 위해 분주히 움직인다,
생명은 나뭇잎 속에도 깃들어 제멋대로 모든 걸 주관한다,
심지어 돌들도 자부심을 갖고, 불멸을 지속한다.
비가 내린다, 안개와 그리움에 휩싸인
도시가 부드러워졌다.

1_ 진달래 과 에리카 속에 속하는 소관목을 통틀어 가리킨다.

나는 아직 시 속에 존재할 수 없으니

나는 아직 시 속에 존재할 수 없으니
세상 속을, 도시 속을 표류해야 한다.
운문의 세계에 머물도록 허용된 건 단지 죽은 이들뿐.
한파에 손끝이 시퍼렇게 멍이 든
가여운 바이올리니스트처럼 그들은 이곳에 와서
행간行間의 침대에 누워 오래도록 잠을 잔다.

낯선 도시들에서
— 즈비그니에프 헤르베르트에게[1]

낯선 도시들에는 낯선 환희가,
새로운 시선의 차가운 행복이 있다.
영민한 거미처럼 햇볕이 그물망을 치는
주택가의 노란색 회벽은 내 것이 아니다.
시청도 공항도 법원도, 감옥도
나를 위해 지어진 건 아니다.
바다가 짭짤한 조수潮水에 밀려
도시를 덮치고, 지하실과 베란다가 물에 잠긴다.
시장에서는 한 더미의 사과가 마치 피라미드처럼
한나절 속 영원의 시간 동안 높이 쌓여 있다.
심지어 고통조차 온전히 나의 몫은 아니다.
현지의 광인이 낯선 언어로 중얼대고,
카페에 앉아 있는 외로운 아가씨의 불행은
어두운 박물관 캔버스의 자투리 천 같다.
나무에 걸린 거대한 깃발들이 공중에서 펄럭인다,
마치 내가 잘 아는 도시들에서처럼.
그리고 똑같은 납이 꿰매어져 있다,
침대 시트와, 꿈과,
집 잃은, 미친 상상력의 한 끄트머리에.

1 _ 즈비그니에프 헤르베르트Zbigniewowi Herbertowi(1924~1998)는 폴란드의 시인이자 극작가, 에세이스트이다. 사회주의 시절 반체제 작가로 활약하며 폴란드 현대사의 질곡을 작품 속에 생생하게 투영시켰다. 대표작으로《판 코기토》,《포위된 도시에서 온 보고서》,《사물의 탐구》,《천둥의 에필로그》 등의 시집과《정원의 야만인》,《바닷가의 미로》등의 에세이집, 그리고《철학자들의 동굴》,《두 번째 방》등의 희곡이 있다.

자장가

오늘은 잠들지 마렴. 창가에 이처럼 빛이 가득한 걸.
도시 위로 불꽃이 피어오르고 있구나.
잠들지 마렴, 너무 많은 일들이 벌어졌으니.
열을 맞춰 가지런히 꽂아 놓은 책들이 네 머리맡을 지켜 주는 구나.
너는 아마 오래도록 생각하게 될 거야, 무슨 일이 일어났는지,
어떤 일이 일어나지 않았는지. 오늘은 잠들지 마렴.
네 분홍빛 눈꺼풀이 반항을 시작하면,
네 뜨거운 눈동자는 붉고 뜨겁게 타오르고,
네 심장은 기억들로 인해 부풀어 오를 거야.
잠들지 마렴. 백과사전이 열리고,
한파에 맞서 두껍게 차려 입은 옛 시인들이
책 속에서 한 명씩 모습을 드러낼 테니.
기억이 열릴 거야, 마치 낙하산처럼
느닷없이 쉿 하는 소리를 내면서.
기억이 열리면, 너는 아예 잠들지 못하고,
구름 속에서 왔다 갔다 흔들릴 거야,
움직이는 목표는 불꽃 속에서 명료해질 거야.
이제 너는 결코 잠들지 못할 거야,

너무 많은 이야기들이 네게 누설되었고,
너무 많은 일들이 일어났기에.
각각의 피 한 방울이 자신만의
선홍빛 《일리아드》를 쓸 수도 있고,
각각의 여명이 어두운 추억을 기록으로 남기는
저자가 될 수도 있는 법이니까.
잠들지 마렴, 지붕과 다락방,
하늘을 향해 한 줌의 재를 내뿜는 굴뚝의 두터운 모포 아래에서.
하늘 위를 유영하는 창백한 밤이 찰랑찰랑 노를 젓는구나,
바스락거리는 실크스타킹처럼.
공원에 가면 나뭇가지들이 다정하게 네 어깨를 두드릴 거야,
너의 우정을 확인이라도 하려는 듯. 잠들지 마렴.
텅 빈 공원을 뛰어다니다가 너는 그림자가 되고,
또 다른 그림자들을 만나게 될 거야. 너는 생각하게 될 거야,
이미 존재하지 않는 누군가를, 혹은 치열하게 살다가
자신의 생을 마지막에 사랑으로 변화시킨 누군가를.
점점 더 많은 빛이 방 안에 쌓였구나. 오늘은 잠들지 마렴.

사물들의 삶에서

사물들의 피부는
서커스 천막처럼 팽팽히 당겨져 있다.
밤이 온다.
어둠이여, 오라.
대낮의 햇볕은 이제 안녕.
사물들은 말한다. 우리는 눈꺼풀과 같아,
눈과 공기와 어둠과 빛과
인도와 유럽을 만지지.

바로 그때 나는 말하기 시작한다. 사물들이여,
너희는 고통을 아는가?
한 번이라도 배가 고프거나 길을 잃거나 외로웠던 적이 있는가?
울어 보았는가? 공포는 아는가?
창피함은? 미움과 질투, 고백할 필요도 없는 작은 죄악들을 아는가?
사랑해 본 적 있는가? 한밤중에 바람이 창문을 열고 차가운 심장으로 스밀 때
죽어 본 적 있는가? 늙는다는 것을, 시간을, 지나간다는 것을, 죽음을 경험한 적 있는가?

침묵이 깔린다.
벽에는 지진계의 바늘만이 춤춘다.

일렉트릭 엘레지

초록빛 눈의 독일제 라디오야, 이제 안녕,
거의 영혼과 육신으로 이루어진 육중한 몸아.
(네 전구들은 마치 베르그송처럼 짙은 분홍과 살색으로 빛났지)

스피커를 감싼 두꺼운 천을 뚫고 (내 귀는 고해소 철창이라도 된 듯
너에게 달라붙어 있었지) 언젠가는 무솔리니가 속삭였고,
히틀러가 소리쳤고, 스탈린이 무언가를 찬찬히 설명했고,
비에루트[1]가 헉헉댔고, 끝도 없이 고무우카[2]가 떠들어 댔지.
하지만 누구도 너를 배신자라 하지 못할 거야, 라디오야,
단지 네 죄라면 킬로헤르츠에 대한 완벽한 복종과 고운 정절.
다가오는 사람이라면 누구나 들을 수 있고, 방송을 내보낸 사람은
들려졌을 뿐.

물론 나는 당연히
너를 가장 높은 평안으로 이끈 것이 슈베르트의 노래들이라는 것을 알고 있어.
쇼팽의 왈츠에, 네 전기 심장은 예민하고도 거세게 뛰었지,
옛날 소설에 나오는 사랑에 빠진 소녀들의 가슴처럼,

스피커를 덮고 있던 천도 하늘로 들려 올라갔어.

뉴스는 달랐어, 특히 자유유럽이나 BBC가 뉴스를 내보낼 때
네 눈은 불안해졌어, 마치 아트로핀이라도 맞은 듯 초록빛 동공은
늘어났다 줄어들었다 했지.

네 안에는 미친 갈매기들과 맥베스도 살고 있었어.
밤이면 네 방 안에, 길 잃은 신호들이 모이곤 했지.
항해사들은 도움을 청했고, 사랑에 빠진 어린 행성은 울었어.

나는 너의 노후를 함께했지.
갈라진 목소리, 끊어지던 문장들, 그러고는 툭 툭 (기침 소리).
결국은 앞을 보지 못했지 (푸른 눈은 꺼지고 말았어).
그러고는 귀먹은, 귀먹은 침묵이 찾아왔어. 잘 자,
독일제 라디오야. 슈만 꿈을 꾸길,
그리고 다음번 독재자의 수탉이 목을 높일 때는 깨어나지 마.

1_ 폴란드 공산 정권의 초대 제1서기장인 볼레스와프 비에루트Bolesław Bierut(1892~1956)를 가키킨다.
2_ 폴란드 공산 정권의 세 번째 제1서기장 브와디스와프 고무우카Władysław Gomułka(1905~1982)를 가리킨다. 1945년부터 1948년까지, 1956년부터 1970년까지 집권했다.

카르멜리츠카 거리

카르멜리츠카 거리, 파란 전차, 태양,
9월, 개학 첫날,
어떤 이들은 먼 여행에서 돌아오고,
장갑차 기단들은 폴란드로 들어오고
아이들은 예쁜 옷을 입고 학교에 가고,
바다와 돛처럼 파랗고 하얀,
기억과 영감, 청포도처럼.
젊은 지성에 존경을 표하는 나무들은 몸을 꼿꼿이 펴고
그 지성은 아직 불도 꿈도 모르지만
원하기만 한다면 그 어떤 방해도 받지 않으리
(보이지 않는 한계만 제외한다면)

나무들은 젊음을 진심으로 환영하지만,
너는-사실을 말하라-이 시작에
이 외출에, 이 어린 시절에, 아몬드와 건포도, 양귀비씨 맛의 달콤한 어둠에
질투를 느낄 뿐-너는 빵을 사러 가게에 간다
그리고 집으로 돌아온다, 서두르지 않고,
휘파람을 불고 아무 생각 없이 노래를 흥얼거리며

네 학교는 아직 시작되지 않았다,
선생들은 이미 떠나고, 스승들은 남아 있으며
너의 꿈은 뭉게구름 속에 떠간다
여름처럼 멀리.

삼왕

> 너무 늦게 도착할 거야……
> ―앙드레 프레노의 〈삼왕〉에서

사막과 웃음과 음악이 아니었다면
우리는 시간에 맞출 수도 있었을 거야, 우리의 그리움이
대로의 먼지와 섞이지만 않았더라면.
가난한 나라들을 보았지, 끝도 없는 증오로
더욱더 가난해진 나라들을.
군인들과 난민으로 가득한 기차가
오랫동안 서 있는 동안 역은 불길에 휩싸였어.
우리에게 최고의 영예가 주어졌지,
그래서 혹시 우리 중 하나가 정말 왕은 아닐까, 생각도 했어.
봄의 들판과 미나리아재비 꽃들,
낯선 사랑을 갈구하는 시골 처녀들의 눈길이 우리를 붙잡았지.
신들에게 재물도 바쳤지만,
그들이 황금 벌꿀빛 불길의 커튼을 통해 우리의 얼굴을 알아
보았는지는 알 수 없어.
한번은 잠들어 몇 달 동안 계속 잠을 잤지,
우리 안에서 꿈들은 마치 보름날의 파도처럼

위험하고 무겁게 철썩거렸어.
공포가 우리를 깨워 운명과 더러운 여관들을 저주하며
우리는 다시 떠나야만 했지.
4년 동안 차가운 바람이 불고
별은 노란색, 학교 명찰처럼 성의 없이
외투 위에 꿰매어져 있었어.
택시는 팔각¹과 20세기의 냄새를 풍기고,
택시 기사는 러시아 억양으로 말했어.
우리의 배는 침몰했고, 비행기는 갑자기 흔들렸지.
우리는 서로 너무나 달랐고 각자
전혀 다른 희망을 향해 떠났어.
무엇을 찾고 있었는지는 거의 기억도 나지 않아,
12월의 밤이 언제 카메라의 동공처럼 열렸는지도 모르겠어.
이제는 단지 새벽 도시 위에서 매일매일 폭발하며
나의 욕망을 눈멀게 하는 저 빛만 없으면
행복하게, 평온하게 살 수 있을 텐데.

1_ '아니즈'라는 중국, 인도 요리에 두루 쓰이는 향신료로 독특한 냄새가 나고 팔각형의 별 모양이다.

암스테르담 공항
— 어머니의 추억에 부쳐

12월의 장미, 빡빡한 열망,
검고 텅 빈 정원의,
나무 위의 녹綠과 짙은 연기,
마치 누군가의 외로움이 타고 있는 것처럼.

어제 산책하다 나는 다시
암스테르담 공항을 생각했다.
집이 없는 복도,
낯선 꿈으로 가득한, 불행으로 얼룩진 대기실을.

비행기들은 시멘트 바닥을
화난 듯 치며 내려오고
사냥감을 잃은 매들은 굶주려 있다.

당신의 장례식을
여기서 치렀어도 될 뻔했어요, 엄마.
이렇게 많은 무관심과 도망치는 군중들,
부재不在에 어울리는 이 자리가요.

커다란 공항의 지붕 아래서
죽은 이를 지켜봐야겠죠.
우리는 또다시 유목민이 되었어요.
엄마, 여름 원피스를 입고 서쪽으로 떠나셨나요,
전쟁에도 세상에도,
폐허의 곰팡이에도,
작고 지친 생이 반사되는 거울에도 어리둥절한 채.

어둠 속에서는 항상 마지막 것들이 빛난다,
수평선, 칼, 매일매일의 해돋이가.
당신을 공항에서 보내요, 서두름의 계곡에서,
눈물이 가판대에 나와 있는 그곳에서.

12월의 장미, 달콤한 오렌지,
엄마, 당신이 없으면
크리스마스는 오지 않을 거예요.

박하 잎은 편두통을 가라앉히지……
식당에서 당신은

가장 오래 메뉴판을 들여다보곤 했어요……
무뚝뚝한 우리 식구 중
엄마는 표현의 대가였어요,
하지만 너무 조용히 떠나셨지요…….

늙은 신부는 엄마 이름을 잘못 발음했어요.
기차는 숲 속에 서요.
새벽, 암스테르담의 공항에는
눈이 내릴 거예요.

어디 계세요?
기억이 묻힌 그곳에
기억이 자라나는 그곳에
장미와 오렌지와 눈이 묻혀 있는 그곳에
재들이 자라는 그곳에

세 천사

갑자기 사람들 앞에 세 천사가 나타났다.
성 예쥐 거리의 빵집 바로 옆에
어휴, 또 사회학 설문 조사잖아,
지겹다는 투로 어떤 남자가 내뱉었다.
아닙니다, 첫 번째 천사가 참을성 있게 설명했다.
우리는 단지
당신들의 요즘 생활이 어떤지,
낮은 어떤 맛인지 그리고 밤은 왜
불안과 공포에 싸여 있는지 알고 싶을 뿐입니다.

오, 그래요, 공포지요, 꿈꾸는 눈길의
아름다운 한 여자가 대답했다, 나는 왜 그런지 알아요.
오늘날 사람들이 만들어 낸 것들은 허약해서
도움을 필요로 해요, 존재하지 않는 지지支持를,
제발, 선생님-천사를 보고 선생님이라 하다니!-, 예를 들어,
비트겐슈타인을 한번 봐 주세요. 우리 현인들은,
우리의 안내자들은 슬픔에 싸여 제정신이 아니에요.
그리고 어쩌면 우리보다도 아는 것이 없어요,
우리 보통 사람들보다도요 (그러나 그녀는

보통 사람은 아니었다).

바이올린을 배우는 소년이 말했다.
밤은 빈 포장일 뿐이에요, 비밀이 없어진 상자, 하지만
아침이면 우주는 마치 텔레비전 화면처럼
낯설고 건조해져요.
그리고 세상에 음악을 단지 음악이기 때문에 사랑하는 사람들은
별로 없어요.
다른 사람들도 입을 열고, 고발은 늘어만 가
무서운 분노의 소나타를 이룰 지경이었다.

만약 여러분이 진실을 알고 싶다면 —
근래 어머니를 잃은
키 큰 학생이 외쳤다, 우린 진력이 나요,
죽음과 잔인함과 질병과 박해와 뱀 눈처럼 흔들리지 않는
긴 권태의 시간이. 우리에게 땅은 너무 좁고,
불은 너무 많아요. 우리는 우리가 누구인지 몰라요.
우리는 숲에서 헤매고 있고 머리 위엔

검은 별들이 마치 꿈처럼 게으르게 떠 있어요.

하지만, 두 번째 천사가 소심하게 입을 열었다.
아직 약간의 기쁨도 있고 우리 바로 곁에도 아름다움이
있지 않습니까, 매 시간의 껍질 바로 아래,
집중의 조용한 심장 속에,
당신들 모두 안에
보편적 인간이, 강하고 정복당하지 않은 인간이 있지 않습니까,
들장미 꽃송이들 속에 어린 시절의 향기가 길을 잃고
휴일이면 소녀들이 옛날과 똑같이 산책을 하고
색색의 목도리를 두르는 방식에
불멸의 무언가가 있지 않나요.
기억은 바다 속에, 순환하는 피 속에,
검게 탄 집들 속에, 시 속에,
조용한 대화들 안에 살고 있어요.
세상은 옛날과 똑같이,
그림자와 기대로 가득해요.

어쩌면 더 말할 수도 있었겠지만, 점점 더 군중이 모여들고

멍멍한 격앙의 웅성거림은 점점 더 심해져,
결국 사자使者들은 공기 중으로 약간 떠올라
군중에게서 떨어져 부드럽게 되풀이하고 있었다, 당신들에게 평화를,
죽은 자들과 산 자들과 아직 태어나지 않은 자들에게 평화를.
오직 세 번째 천사만이 아무 말도 하지 않았는데,
그는 긴 침묵의 천사였기 때문이다.

중국 시

천 년 전에 쓰인
중국 시를 읽었다.
시인은 대나무 배 지붕에
밤새 떨어지는 비와
결국 그의 마음속에 찾아온
평화에 대해 이야기한다.
지금이 또 다른 11월이고
안개와 납처럼 무거운 땅거미는 우연일 뿐일까?
누군가 또다시 살아 있다는 것은
우연일까?
시인들은 성공과 수상에 큰 의미를 둔다.
그러나 가을에 또 가을이 지나며
오만한 나무의 잎들을 뜯어내고
만약 무언가 남는 게 있다면
즐겁지도 슬프지도 않은
시 속의 부드러운 빗소리일 뿐.
오직 정결함만이 눈에 보이지 않고,
그림자와 빛이 우리를 잠시 잊어버리는 밤만이
카드 패처럼 비밀을 뒤섞고 있다.

비가 悲歌

회색 풍경이었다. 몽골족의 말 같은 작은 집들,
거대한, 태어날 때부터 죽어 있었던 시멘트 아파트들,
수많은 제복과 비, 어디로 흐르는지 모르는 졸린 강,
먼지들, 그리고 눈꺼풀이 부풀어 오른 소비에트의 신들,
휘발유의 신 냄새, 지루함의 단내,
더러운 기차들, 빨간 눈꺼풀의 새벽.

작은 풍경이었다. 끝없는 겨울,
그 안에, 늙은 보리수나무의 왕관 속처럼
참새들과 칼들과 우정과 배신의 잎사귀들이 살았다.
시골 거리의 다리, 좁은 들판, 공원의 긴 의자에는
억지로 시킨 듯 누군가 아코디언을 켜고 있었고
잠시 동안 피로보다 가벼운 공기로
숨을 쉴 수도 있었다.

갈색 벽의 대기실이었다.
법원이기도 했고 병원이기도 했다.
공증서의 무게로 책상이 휘고
재떨이에 재가 가득 차 있던 방들이었다.

침묵이거나 악의로 가득한 메가폰이기도 했다.
태어나기 위해, 평생을 기다려야 하는
대기실이었다.

오랫동안 지속된 우리의 성급한 사랑들,
우리의 큰 웃음, 아이러니, 승리도
어떤 경찰서 안, 지도의 경계선, 상상의 가장자리에서
사그라들지 모른다.
죽은 자들의 목소리였고, 죽은 자들의 머리카락이었다.
우리 열망의 항해 시계였으며
허영에 가득한 시간이었다.

검은 풍경이었다. 산들만이 푸르게 빛났고
무지개는 비뚤게 걸려 있었다. 약속도 희망도 없었다.
하지만 우리는 그곳에서 살았고 외국인도 아니었다.
그것은 우리에게 할당된 삶이었다.
빙하처럼 창백한 참을성이었다.
죄책감으로 가득한 공포였다. 불안으로 가득한
용기였다. 힘으로 가득한 불안이었다.

열대식물원

  네가 살고 있는 이 작고 검은 도시에는
  기차들도 마지막 목적지에서 고개 하나 돌리지 않고 마지못해 멈춰 서는 도시의 공원에는,
  그림자와 매연에 반항이라도 하듯
  안쪽은 진줏빛의 회색 건물이 서 있다.

  눈도, 추위의 무거운 구타도 잊어,
  열대 공기의 축축한 선집이 이 안에서 너를 맞이할 거야,
  게으른 뱀처럼 엮인 거대한 이파리들의 수수께끼 같은 속삭임이.
  그 의미는 이집트학 학자도 알지 못할걸.

  낮은 거리들과 경기장의 슬픔도,
  실패한 희망의 무게도 잊어.
  식물의 내부에서 불어오는 따뜻한 숨을 받아들여.
  색 바랜 번개들의 부드러운 향기가 너를 감싸 멀리, 멀리 데려갈 거야.

  어쩌면 이제는 항해를 멈춘 배들의 녹슨 닻들을 볼지도,

분홍빛 안개에 싸인 섬들을, 허물어진 신전의 탑들을,
잃어버린 것들, 없었던 것들과 함께.
너와 똑같은 삶으로 살고 있는 다른 이들도 보게 될 거야.

갑자기 이 세상이 다르게 보일 거야. 낯선 집들의 대문이 잠시 열리고,
　숨겨진 생각들이 읽히고, 휴일은 덜 피곤하고,
다른 이들의 기쁨이 더 잘 이해되고, 얼굴들은
더 아름다워지겠지.

네 자신을 잊어, 매혹으로 눈을 가려 봐
모든 것을 잊으면 바로 그때
깊은 기억과 깊은 우애가 돌아올지도 몰라,
　그때가 되면, 말해 봐, 모르겠어, 정말 모르겠어, 어떻게 이렇게-
　종려나무가 나의 탐욕스러운 심장을 열었는지.

베르메르의 어린 소녀

이제는 너무도 유명해진 베르메르의 어린 소녀가
나를 응시한다. 진주가 나를 응시한다.
베르메르의 어린 소녀, 그녀의 입술은
붉고, 촉촉하고, 윤기를 머금었다.

오, 베르메르의 어린 소녀여, 진주여,
푸른 터번이여. 너희가 옳았으니
나는 그림자로부터 탄생했다.
빛이 그림자를 내려다본다,
관대하면서, 어쩌면 동정 어린 시선으로.

야만인

우리는 야만인이었네.
너희는 우리 앞에서 떨고 있었네, 너희의 궁전에서.
두근거리는 가슴을 안고 우리를 기다렸네.
우리의 언어에 대해 너희는 이렇게 말했네.
"저들의 언어는 틀림없이 자음만으로,[1]
살랑거림으로, 속삭임으로, 마른 잎으로 이루어져 있을 거야."
우리는 어두운 숲에 사는 존재였네.
우리는 토미[2]의 오비디우스[3]가 두려워하던 대상이었네,
우리는 너희가 발음할 수 없는 이름들로
신들을 경배했네.
그러나 외로움과 공포 또한 너무나 잘 알았기에
우리는 시를 갈망하기 시작했네.

1_ 폴란드어는 특히 자음이 발달해 있어 이중자음은 물론 삼중자음으로 이루어진 단어들도 있다.
2_ 흑해 연안의 도시, 현재 루마니아의 콘스탄차.
3_《변신 이야기》,《사랑의 기술》 등으로 유명한 로마의 시인. 그의 작품은 세련된 감각과 풍부한 수사修辭로 르네상스 시대에 널리 읽혔고, 후대에도 많은 영향을 끼쳤다. 기원전 8년에 로마의 황제 아우구스투스에 의해 알 수 없는 이유로 갑자기 흑해 연안의 토미로 추방되었다가 결국 로마로 돌아오지 못하고 생을 마감했다.

어느 피아니스트의 죽음

다른 이들이 전쟁을 치르거나
평화를 위해 소송을 제기하거나
병원이나 막사의 비좁은 침대에 누워 있는 동안
그는 여러 날을 한시도 쉬지 않고

베토벤 소나타를 연습했는데,
가느다란 손가락이 마치 수전노의 손가락처럼
그의 것이 아닌
굉장한 보물을 어루만졌네.

초보자를 위한 신비주의

날씨는 따사로웠고, 햇볕은 다정했다.
카페테라스에 앉은 독일인의 무릎엔
작은 책이 놓여 있었다.
나는 그 책의 제목을 볼 수 있었다 –
《초보자를 위한 신비주의》.
그리고 나는 즉시 이해했던 것이다.
시끄럽게 지저귀는 참새들이 몬테풀치아노 거리와
중부 유럽에서 온 방랑자들의
놀란 속삭임을 감시하고 있음을
그리고 어제, 아니면 그저께,
논 위에 수녀처럼 서 있는 흰 두루미들과
중세 주택들의 윤곽선을 쓸어내리는
느리고 규칙적인 어둠과
바람과 산불에 몸을 맡긴
낮은 언덕의 올리브나무들과
루브르에서 감탄했던 어느 공주의 초상화 속 두상과
꽃가루로 얼룩진 나비 날개 같은 스테인드글라스와
고속도로 옆에서 시 낭송을 연습하는 작은 꾀꼬리와
여행들, 모든 여행들이

결국
초보자를 위한 신비주의 개론이었음을
초급 코스라는 것을
나중으로 미뤄진 시험을 위한
서설序說이었음을.

방
— 데릭 월코트에게

내가 일하는 방은
주사위 같은 육면체.
고집 센 농부 같은 실루엣의 나무 책상,
게으른 소파와
합스부르크 식 주둥이를 내밀고 있는 찻주전자가 있다.
창밖에는 타인의 나무 몇 그루,
흘러가는 구름, 그리고 언제나 신이 나서 소란스러운
유치원 아이들이 보인다.
가끔은 멀리서 자동차 유리가 번쩍이거나
더 높이 비행기의 은빛 비늘이 보이기도 한다.
분명 다른 이들은 시간 낭비 따위는 하지 않을 것이다.
내가 일하는 동안,
땅 위와 무한의 세계에서 모험을 찾고 있겠지.
내가 일하는 방은 카메라옵스큐라.
하지만 나의 일은 무엇이란 말인가,
꼼짝없이 하염없이 기다리고,
책을 뒤적이고, 끈질기게 명상하고,
탐욕스런 눈길의 판사를 설득할 수도 없는 정절을 지킨다.
나는 너무나 천천히 쓴다, 200년은 살아야 한다는 듯.

존재하지 않는 그림을 찾아서,
혹시 있다 하더라도
추위가 입술을 찢는 한겨울의 여름옷처럼
둘둘 말려 깊이 감추어져 있겠지,
나는 절대적인 몰입을 꿈꾼다, 그런 걸 발견한다면,
나는 더 이상 숨 쉬지 않을 것이다.
어쩌면 이런 일이 일어나지 않는 편이 좋을지도 모른다.
그러나 나는 첫눈의 휘파람 소리를 듣지 않는가,
한낮 햇볕의 부드러운 노래를,
거대한 도시의 위협적인 으르렁거림을 듣지 않는가,
작은 샘에서 물을 마시나
내 목마름은 대양보다 크다.

긴 오후들

시가 나를 떠난 것은 긴 오후들이었다.
강은 게으른 조각배들을 바다로 밀어 보내며 참을성 있게 흘렀다.
상아 해안의 긴 오후들,
그림자들은 거리에 누워 있었고 진열장에 가득한 거만한 마네킹들은
나를 정면으로 바라보며 눈길을 끌었다.

학교에서 걸어 나오는 선생들의 얼굴은 공허했다,
마치 호메로스가 그들을 정복하고, 모욕하고, 죽여 버린 것처럼.
석간신문은 불안한 소식을 전했지만
아무것도 변하지 않았다, 아무도 발걸음을 서둘지 않았다.
창문에는 아무도, 너마저 없었고
수녀들마저도 생을 창피하게 여기는 듯했다.

시가 없어져 버린 것은 긴 오후들이었다.
그리고 나는 홀로
끈으로 묶은 몹시 무거운 가방을 들고
9월의 검은 비를 맞고 선 파리 북역의 가난한 여행자처럼

불투명한 도시의 악마와 마주하였다.

말해 줘, 어떻게 하면 아이러니로부터, 볼 수 있으나 꿰뚫을 수 없는 시선에서
  치유될 수 있는지, 말해 줘, 어떻게
  침묵에서 치유될 수 있는지.

여름의 절정

여름, 부드러운 버드나무 냄새를 풍기는 산 속의 계곡 위에
아름다움으로 무거운 진홍빛, 검정, 주황, 흰 빛의 나비들이
빛나는 수면, 빛나는 나무, 그리고 빛나는 세상 위
마지막 비행에 나섰을 때, 수풀과 꽃과 나무의 향기가 공기 중에 너무나 가득해
유리컵에 부었다 손가락 사이로 부풀어 오른 기포를 만질 수 있을 때,
8월, 소나무 가지 위에 모닥불이 타오르고, 솔방울들은
영원한 불길의 혀가 핥고 지나간 듯 부딪쳐 소리를 낼 때,
진정으로 푸른 바다가 승리자처럼, 페르시아를 정복한 것처럼
조용히 흔들리고 작은 파도에도 모든 요트가 가볍게 인사를 해 올 때,
투명한 시트에 젖어 수영하는 사람들이
세상 모든 원소를 잇는 흰 실을 따라
보이지 않는 선을 그리며 끝없이 조용하게 움직여 나갈 때,
드디어 만족을 얻은 피조물로부터 거대한 속삭임이 들려올 때,
곤충들마저도 자신들의 디오니소스를 가져야 할 것처럼 생각될 때,
8월, 유럽의 모든 언어들이 갑자기 침묵하고

공장이 멈추고 리구리아 해변의 여행자들이 소리 높여 웃을 때.

바로 몇 발짝만 움직이면 우리는 무대 뒤를 볼 수 있다

빽빽한 덤불의 어둠 속에 짧게 살았던 그들,

두려움과 절망 속에 살았던 그들의 그림자가 숨어 있음을,

우리의 형제자매들, 콜리마와 라벤스브룩의 그림자들을,[1]

검은 구원의 가엾은 천사들이 탐욕스럽게 우리를 바라보고 있음을.

1_ 러시아의 콜리마, 독일 북부의 라벤스브룩은 모두 2차 세계대전 때 유대인 학살이 자행되었던 수용소가 위치한 도시이다.

장학생 숙소

오가는 학자들을 위한 숙소 안
책꽂이에는 네가 아는 사람들의 방언과는 다른 언어로 쓰인
이미 질려 버린 소설 열댓 권, 졸린 부처,
벙어리 텔레비전, 토요일 저녁 우울한 계란 요리에
수도 없이 쓰여 닳아빠진 프라이팬이 있다.

그리고 모든 사투리로 휘파람을 부는 윤기가 사라진 주전자도 있다.
 ㅡ여기서 편안히 있고 싶다고? 생각씩이나 하기를 원한다고?
너는 에카르트의 《떠나 있기》를 읽고,
프랑스를 사랑한 영국인의 시와,
영국을 감탄했던 프랑스인의 산문을 읽는다.

그리고 인류의 엘리트들이 오고 간 위생적인 방들에서
필사적으로 적응하려는 며칠이 지난 뒤에야
너는 놀라며 깨닫게 되는 것이다.
여기에 아무도 살고 있지 않다는 것을, 땅 위에 생명이 없다는 것을.

천천히 말해도 돼

천천히 말해도 돼. 그렇게 오랫동안 너 자신이었던 사람보다
너는 더 나이가 많으니까, 바로 너 자신보다도
너는 더 나이가 많으니까, 그런데도 아직
부재가, 시가, 금이 무엇인지 너는 모르고 있잖아.

황톳빛 물이 거리에 넘치고
짧은 폭풍은 졸고 있는 평평한 도시를 흔들지.
모든 폭풍은 이별, 수백 명의 사진사가 머리 위에서
플래시를 터뜨리며 두려움과 공포의 시간을 연장해.

죽음의 애도가 무엇인지 너는 알아
너무 급작스러운 절망이 심장의 리듬과 미래를 틀어막는 것,
민첩한 화폐가 돌고 도는 현대적인 가게,
낯선 사람들 사이에서 너는 울었어.

너는 베네치아도 시에나도 보았지, 화폭에서 그리고 거리에서
어리고 슬픈 마돈나들을,
 보통 아가씨가 되어, 사육제에서 춤추고 싶어 하는 마돈나들
을 너는 보았어.

너는 작은 도시들도 보았어, 전혀 아름답지 않은,
고통과 시간에 지친 늙은이들을,
중세의 이콘에는
얼굴 검은 성인들의 눈, 야생 동물들의 불타는 눈만 빛나고 있었어.

갈레의 해변에서 너는 조약돌을 손에 쥐고 있었어.
그때 너의 마음은 거대한 애정으로 가득했지,
그들을, 가느다란 소나무들을 향한
너와 함께 해변에 있었던 그 사람들과 바다를 향한.
바다는 정말 강하지만 너무 외로워.

네 마음은 마치, 우리 모두 한 집에서 나온 고아들인 것처럼.
싸늘한 동시대의 미술관에서 아주 잠깐 만났다가,
평생 헤어져 살아야 한다는 듯, 떨고 있었지.

그러니 천천히 말해도 돼, 너는 이제 젊은이가 아니야.
경이감 같은 것은 몇 주 금식으로 처리하고,
이제는 선택하고, 포기하고, 지연작전을 써야 할 때.

그리고 메마른 나라에서 온 사신들과 오래 이야기해야 할 때.
부르튼 입술로, 너는 기다려야 해,
이제는 편지를 쓸 시간, 500페이지짜리 책을 읽을 시간.
천천히 말해도 돼. 시를 포기하지 마.

자화상

컴퓨터와 연필, 타자기 사이에서
반나절이 갔다. 이러다 반세기가 될지도 모른다.
낯선 도시들에 살면서 가끔은 낯선 사람들과
낯선 것들에 대해 이야기한다.
그리고 자주 음악을 듣는다. 바흐, 말러, 쇼팽, 쇼스타코비치,
음악 속에서 세 가지 원소를 발견한다. 힘과 약함과 고통
네 번째 원소는 이름이 없다.
죽은 시인들과 산 시인들을 읽고 그들로부터
끈질김과 믿음과 자존심을 배운다. 위대한 철학자들을
이해하려고 노력한다. ―어쩌다 그들의 귀중한 생각 중
파편을 잡을 수 있을 뿐이다.
파리의 거리를 오래 산책하는 것을 좋아한다. 그리고
나와 똑같은 사람들을 바라본다, 질투로
욕망으로 분노로 생기가 도는 그들을, 은빛의 동전들을 관찰한
다.
손바닥에서 손바닥으로 옮겨 가며,
천천히 동그라미가 무뎌지는 모습을 (황제의 옆얼굴도 함께 닳는
다).
옆에서는 나무들이 자라고 있다, 아무 말도 없이,

녹색의 무덤덤한 완벽함을 말로 건드리지 않는다면.
스페인의 과부들처럼 무언가를 끈기 있게 기다리면서,
검은 새들은 들판을 밟고 있다.
이제 나는 젊지 않다, 그러나 나보다 늙은 이들도 아직 있다.
내 자신이 소멸되는 깊은 잠과
포플러나무들과 집들이 온화한 하늘 위의 정박용 기둥처럼 흘러가도록
시골길을 빨리 달리는 것을 좋아한다.
가끔 박물관의 그림들이 내게 말을 걸면,
불현듯 아이러니가 사라지기도 한다.
아내의 얼굴을 바라보는 것을 좋아한다.
일요일, 일주일에 한 번 아버지께 전화를 드린다.
2주일에 한 번은 친구들을 만나며 서로 충성한다.
내 나라는 한 가지 악으로부터 해방되었다. 나는
그다음의 해방도 오길 바란다.
내가 거기에 어떤 도움이 될 수 있을까? 나 알 수 없다.
안토니오 마차도가 자신에 대해 말한 것처럼,
나는 바다의 아들이 아니다.
하지만 바람의 아들, 박하와 첼로의 아들이다.

그리고 저 높은 세상의 모든 길들이
지금까지 내게 속해 있던 인생길들과
꼭 맞닿아 있지는 않다.

두우가¹ 거리

보답 없는 거리, 얼어붙은 나폴레옹의 군대처럼 늘어선
작은 봉제용품 가게들
진열창마다 그 안을 들여다보는 시골뜨기들과
먼지 쌓인 자동차를 바라보는 얼굴들이 비치는 곳
시내 입구의 거리들이 중심을 향해 달릴 때
시내 입구의 거리들을 향해 천천히 가고 있는
긴 거리, 매우 무거운 전차들이 쪼아 먹고 있는,
아무런 향기도 나지 않는 향수 가게들이 장식하고 있는,
비 온 뒤 만나가 아닌 진흙만 내리는 거리
곱사등이와 거인들, 삐걱거리는 자전거들의 거리
방 하나에 모인 여러 소도시의 거리,
점심 식사 후 얼룩진 식탁보 위에
머리를 파묻고 잠드는 사람들의 거리
기다란 수단 속에 엉켜 있는 성직자들의 거리
가장 흉물스러운 거리, 가을엔 석탄 연기가
8월이면 흰 폭염의 지루함이 뒤덮는 곳

바로 여기서 너는
자랑스러운 르네상스 도시의 처음 몇 년을 보냈다

강의를 들으러 이 길을 뛰어갔고 너무 큰 군복을 휘날리며
교련 수업에서 돌아왔지
그리고 지금 너는 그때 느꼈던 환희로 돌아갈 수 있는지,
아직도 그렇게 아무것도 모를 수 있을지
아직도 그렇게 간절히 열망할 수 있을지
그리고 그렇게 기다릴 수 있을지,
마지막 꿈이 사그라지지 않도록, 가볍게 잠자고,
12월 새벽의 어둠에도, 벌떡 일어날 수 있는지 궁금해 한다
인내심과 같은 두우가 거리
화재로부터의 탈출과 같은,
절대 끝나지 않는 꿈과 같은
두우가 거리

1_ '두우가Długa'는 '긴'이라는 뜻이고, 실제 존재하는 크라쿠프의 거리를 가리킨다.

포텡가[1] 극장
— 바르바라와 보이치에흐 프쇼니악 부부에게

어떤 일요일들은
발트 해의 모래사장처럼 하얬다.
아침이면
드문 행인들의 발소리가 들려왔다.
우리 나무의 잎사귀들은 조심스럽게 침묵했다.
뚱뚱한 신부들은
성당에 올 수 없는 사람들을 위해 기도했다.
극장에서는 영사기가 취한 듯 덜거덕거렸고
불빛 사이 먼지들은 사선으로 방황했다.
그런가 하면 마른 신부들은 이 시대를 비판하며
호된 신비주의적 명상을 독려했다.
어떤 부인들은 잠시 기절하기도 했다.
'포텡가' 극장의 화면들은
세상 모든 영화와 그림을 담을 준비가 되어 있었다.
이곳에서는 인디언들도 마음이 편했고
소비에트 영화의 주인공들도 불만 하나 없었다.
영화 끝 너무 깊은 침묵에는
경찰이 당황할 지경이었다.
하지만 오후가 되면 도시는

유모차 안의 아이처럼 입을 벌리고 잠을 잤다.
저녁이면 가끔 바람이 일었고
해질녘의 폭풍우는
비현실적인 보랏빛으로 번쩍였다.
자정이면 씻긴 하늘에
희미한 달이 모습을 드러냈다.
그런 어떤 일요일들에는
신이 가까이 있는 것처럼 느껴졌다.

1_ 폴란드어 '포텡가Potega'는 '힘, 세력, 막강'이라는 뜻이다.

무지개

박물관 먼지의 검은 아우라를 쓴
두우가 거리와 카르멜리츠카 거리로 돌아왔다.
푸르뎅뎅한 얼굴의 주정뱅이들이 떨리는 환각 속에
안티오키아의 은둔자처럼 세상의 끝을 기다리는 곳으로,
전기 전차들이 시간의 무게에 몸을 떠는 곳으로
나를 기다리려 하지 않던, 그러고는 사그라져
오랜 단식과 혹독한 불침번으로 죽어 버린 나의 젊음으로,
검은 거리들, 잊힌 책들만 모여들던 헌책방으로,
진심과 배신이 숨어 있던 음모로, 게으름으로,
독서로, 지루함으로, 아무것도 아닌 것으로, 차茶로,
너무 여럿을 앗아가고 아무도 돌려주지 않았던, 죽음으로,
카지미에쥬[1]로 돌아왔다, 사막의 구역,
애도마저도 자리를 찾을 수 없는.
비와 시궁쥐와 쓰레기의 도시로,
휘발유로 무지개 얼룩진 웅덩이처럼 증발해 버린 어린 시절로,
서투르게 죄 없는 다음 세대를 유혹하는 대학으로,
이미 옛날에 명예와 충성심을 팔아넘겨
이제는 자기의 벽들을 팔고 있는 도시로,
의심스러운 사랑으로 내가 사랑하는 도시로,

나로서는 아무것도 해 줄 수 없는,
이미 잊어버렸고 기억하고 있는 것들 외에는,
시와 인생 외에는
아무것도 바칠 수 없는 도시로.

1_ 크라쿠프 거리 안에 역사적으로 존재했던 유대인 구역을 가리킨다.

가치가 있었을까

영사관에서
직원의 기분이 좋아지는 순간을 기다릴 가치가 있었을까
기차역에서 늦은 기차를 기다릴 가치가 있었을까
일본식 모자를 덮어쓴 모양의 에트나 산[1]을 볼 가치가 있었을까
하우스만[2]의 카리아티드[3]들이 솟아나오는
새벽의 파리를 볼 가치가 있었을까
의기양양하게 마늘 냄새를 풍기는,
값싼 식당들에 들어갈 가치가 있었을까,
이미 기억도 나지 않는 도시의 지하철을 타고 지하를 달려
나의 조상도 아닌 그들의 그림자를 볼 가치가 있었을까,
지진이 난 시애틀 상공을 불 앞의 잠자리처럼 경비행기를 타고
세 달을 거의 숨 쉬지도 않으며
거의 존재하지 않고 걱정스러운 질문을 던지면서
이해할 수 없는 은혜의 섭리를 잊은 채
신문에서 배신과 살인에 대해 읽을 가치가 있었을까
회색빛 복도가 끝도 없이 이어질 때
생각하고 기억하고 가장 깊은 꿈에 빠질 가치가 있었을까
검은 책들을 살 가치가 있었을까

세비야 대성당보다 더 호화로운 만화경의,
한 장 한 장을 모조리 기억할 가치가 있었을까
떠나고 돌아올 가치가 있었을까
그렇다 그렇지 않다 그렇다 그렇지 않다
아무것도 지울 수는 없다

1_ 이탈리아 시칠리아 섬에 있는 활화산.
2_ 파리의 도시계획가 하우스만Georges Haussman은 1853년부터 1870년까지 현재 파리 건축의 60퍼센트를 완성했다.
3_ 여자 몸의 형상으로 된 기둥을 가리키는 건축 용어이다.

별

몇 년이나 지난 후 너에게 돌아왔다,
회색빛의 아름다운 도시,
과거의 물속에 잠겨
변하지 않는 도시.

이제 나는
철학과 시와 호기심의 학생이 아니다
너무 많은 시를 써 대던
젊은 시인도 아니다.

이제는 좁은 골목과 환상의
미로에서 헤매고 있다.
시간과 그림자의 지배자가
내 이마 위에 손을 올려놓는다.

그러나 나를 인도하는 것은 아직도
밝은 별,
밝음만이 나를
잃거나 구원할 것이다.

그대와 함께 듣던 음악

> 그대와 함께 듣던 음악은 음악 그 이상이었다……
> —콘래드 에이컨

그대와 함께 듣던 음악은
영원히 우리 곁에 남아 있겠지.

장엄한 브람스와 애수에 찬 슈베르트,
몇몇 노래들과 쇼팽의 네 번째 발라드,

가슴이 터질 듯한 선율의
사중주 몇 곡(베토벤, 아다지오들)

그리고 죽음을 원치 않던
쇼스타코비치의 비애.

바흐의 열정이 빚어낸 위대한 합창
—마치 누군가가 우리를 부르는 듯했지

우리한테 바라는 듯했지,

이해타산을 초월한, 순수한 기쁨을,

명백한 믿음이 깃들어 있는
그런 기쁨을.

우리의 생각처럼 덧없이 흩어지던
루토스와프스키¹의 어떤 소절들.

흑인 여가수가 부르는 블루스는
우리를 관통했지, 반짝이는 쇳조각처럼.

지저분하고 볼품없는 도시의 어느 뒷골목에서
우리의 귓전을 두드렸음에도 불구하고.

말러의 끝없는 행진,
교향곡 5번을 활짝 열어젖히던 트럼펫 소리

그리고 교향곡 9번의 도입부
(그대는 이따금 그를 '말헤어malheur!'라 부르곤 했지).

레퀴엠에 담긴 모차르트의 절망,
그의 밝고 명랑한 피아노 콘체르토,

나보다 그대가 훨씬 더 멋지게 흥얼거리던 낯익은 그 멜로디.
— 그것은 우리 둘 다 너무도 잘 아는 사실.

그대와 함께 듣던 음악은
우리와 더불어 서서히 잦아들겠지.

1_ 비톨트 루토스와프스키Witold Lutosławski(1913~1994)는 폴란드 출신으로 크시쉬토프 펜데레츠키와 더불어 20세기 후반 현대 음악계의 거장으로 불렸다.

불가능한 우정

예를 들면 이 세상에 없는 사람,
누렇게 변색된 편지만 남겨 놓고 떠난 이와의 우정.

혹은 밑바닥에 사기 컵이 가라앉아 있는
개울을 따라 오랫동안 거닐면서

내성적인 학생 또는 우편배달부와
철학에 관한 대화를 나누는 것.

당신이 단 한 번도 만난 적 없는
고귀한 눈빛의 낯선 행인.

(피비린내만 아니었다면)
갈수록 완벽해져 가는 이 세상과의 우정.

생 라자르 역에서 커피를 마시고 있는,
누군가를 떠올리게 만드는 노신사.

교외선 열차의 유리창 너머로

섬광처럼 스쳐 지나가는 얼굴들-

화려한 무도회 혹은 처형장으로 향하고 있는
여행자의 행복한 얼굴들.

그리고 자기 자신과의 우정
-내가 과연 누군지 당신은 결코 알지 못하기에.

대화

친구와의 잡담, 때로 아무것도 아닌,
영화나 텔레비전 프로그램에 관한,
혹은 그보다 심각한 대화, 사뭇 진지한,
고문과 고통, 굶주림에 관한,
아니면 에로틱한 모험담에 관한,
"그녀가 무슨 말을 했는지, 그때 그가 어떤 생각을 했는지."

어쩌면 우리는 너무 많은 말을 하고 있는지도 모른다,
그리스의 산, 경사진 비탈에서,
아폴로 신전의 신성한 미로에서 맞닥뜨렸던
(호텔 저녁 식사에 관해 신랄하게 혹평하던)
경솔한 프랑스 여행자들처럼.
우리는 모른다, 알 수가 없다,

우리가 구원받을 수 있을지,
아무런 악행도 저지르지 않았지만
그렇다고 선행을 베푼 것도 아닌
우리의 미시적인 영혼이
낯선 언어로 던져진 질문에 대답할 수 있을지.

시詩에 매혹되는 것만으로 과연 충분할지.

고전 음악 속 스타카토에 감탄하는 것만으로,
8월 뜨겁게 달구어진 고층 건물로 들어오는
강물과 공기를 바라보는 것만으로,
늘 새롭고 신선한 바다를 동경하는 것만으로 과연 충분할지.
찰나의 잔치와 축하, 덕분에 그것이 없다면
살 수 없으리라 믿었던 뭔가가 (실은 얼마든지 살 수 있건만)
우리 곁에 되돌아왔다는 안도감이
공허함과 분노의 세월,
방심과 조바심의 순간들을 상쇄시킬 수 있을지 -
우리는 모른다, 알 수가 없다,
시간이 종말에 이를 때
과연 우리가 구원받을 수 있을지.

영혼

이제 네 이름을 함부로 사용해서는 안 된다는 걸
우리는 알고 있지. 너는 형언할 수 없는 존재임을,
무기력하고 연약하며,
어린 시절 저지른 비밀스런 잘못의 용의자임을.
해가 지면 너는 음악 속에도 나무 속에도
머물 수 없음을 우리는 알고 있지.
너는 결코 존재하지 않음을, 어디에도 없음을
우리는 알고 있지-적어도 그렇다고 들어왔지-.
하지만 우리는 너의 지친 목소리를 여전히 듣고 있지,
메아리나 비난 속에서, 안티고네가 그리스 사막으로부터
우리에게 발송한 편지 속에서.

저녁 무렵 새가 노래한다

어둠 속에 가라앉은 거대한 도시 위에서
벌써 잠에 빠진 듯 천천히 숨을 내뱉고 있는 도시 위에서,
언젠가 호메로스[1]와 크롬웰[2]을 위해,
그리고 잔 다르크의 잿더미 위에서 노래 부르던 네가
다시금 너의 달콤한 탄식을, 낭랑한 애도가를
시작하려는구나, 듣는 이 아무도 없건만.
보이지 않는 예술가들이 몸을 숨기는
라일락의 검은 잎사귀 속에서
일말의 질투심을 품은 나이팅게일이 버스럭거릴 뿐.
듣는 이 아무도 없건만, 도시는 한창 애도하는 중,
인간의 목소리로 자신의 과오를 당당히 고백할 수 있었던
아름답고 위대했던 지난날을 애석해 하면서.

1 _ 고대 그리스의 시인으로 유럽 문학의 최고最古 서사시 《일리아드》와 《오디세이》를 썼다.
2 _ 영국의 정치가 토머스 크롬웰Thomas Cromwell(1485~1540)은 대법관, 비서장관, 주교 총대리를 비롯하여 여러 요직을 지냈으며, 종교 개혁에 힘썼으나 헨리 8세의 미움을 받아 반역죄로 참수형을 당했다.

미워시를 읽다

당신의 시를 다시 읽습니다,
모든 것을 다 알았던 부자가 쓴 시를.
집을 빼앗긴 가난뱅이가 쓴 시를,
이민자가, 고독한 자가 쓴 시를.

당신은 언제나 가능한 것보다 더 이야기하고 싶어 했어요
―시보다 더, 위를 향해, 높은 곳을 향해.
하지만 아래, 바로 우리의 고향이
겸손하고 수줍게 시작하는 곳을 향해.

당신은 언젠가 이런 어조로 말하곤 했어요
그러니까, (정말로) 독자는
어느 한순간
매일매일이 축일임을 믿는다고

그리고 시가, 마치 그것을 말하는 듯이
생을 완결하고
충만하게 하고, 자랑스럽게 만들며,
완벽한 형태를 창피해 하지 않게 한다고

저녁이 되어
내가 책을 내려놓자
평상시 도시의 어둠이 돌아옵니다.
누군가는 기침을 하고, 울고 있고, 나쁜 짓을 하는.

늙은 마르크스

이제는 집중할 수가 없다.
런던은 습해서
방마다 누군가가 기침을 한다.
겨울을 좋아한 적은 결코 없었다.
여러 번 옛 원고를,
아무 열정도 없이 베껴 쓰고 있다.
누런 종이는
폐병처럼 바스러진다.

생은 왜
파멸로 치닫는 것일까?
하지만 꿈속에서는
누구도 이해할 수 없는 언어로 말하는
눈과 봄이 되돌아온다.
그의 체제 어디에
사랑을 집어넣을 수 있을까?
푸른색 꽃들은 어디에 있을까.

무정부주의자들을 혐오하고,

이상주의자들을 지루해 한다.
러시아에서 온 보고서를 받는다.
유감스럽게도 자세하다.
프랑스인들은 부유해지고 있다.
폴란드에는 침묵과 진부함뿐.
미국은 성장을 멈추지 않는다.
유혈은 지천이다.

아마도 벽지를 바꿀 것이다.
이제 가엾은 인류가
마을의 미친 여자처럼
보이지 않는 신을 주먹으로 위협하며
계속해서 옛길을 걸어가리라는 걸
짐작할 수 있을지도.

거대한 배들

이것은 대양을 항해하던 거대한 배들에 대한 시이다
가끔 굵은 목소리로 안개와 암초를 불평하기도 하지만
대부분은 열대 바다 한 장 한 장을 침묵 속에 가르곤 했다
이 배들은 우리 사회와 호텔처럼 급수와 종류로 층별로 나뉘어져 있었다
갑판 밑으로 가난한 이민자들이 카드놀이를 했고 아무도 이기지 못했으며
가장 높은 층에선 클로델이 이제를 바라보았고 이제의 머리카락은 빛나고 있었다

안전한 항해를 위해, 다가올 시간을 위해
프랑스 최고의 샴페인과 알자스 와인으로 건배를 들어올렸다
바람이 없는 움직이지 않는 날들도 있었다, 변함없이 불빛만 빛나고
대서양을 함께 여행한 수평선 말고는 아무것도 없는 날들도 있었다
텅 비고 지루한 나날들, 홀로 운수 떼기 카드를 치거나
폭풍의 그림자 속, 복숭앗빛 달 아래 누가 누구와 껴안고 있었는지 소문만 되풀이되었다

그러나 숯검정을 뒤집어쓴 화부들은 불타는 벌린 입으로 계속해서 석탄을 던져 넣었고
지금 존재하는 모든 것은 그때도 이미, 그러나 더 짧은 요약본으로 존재했다
우리의 날들도 이미 존재했었다, 우리의 심장은 이미 지글거리는 화로에서 구워졌고
너를 만난 그 순간도 이미 존재했을지도 모른다.
도기 그릇처럼 부서지기 쉬운 나의 불신도, 그만큼 연약하고 변덕스러운 나의 믿음도
궁극의 해답을 향한 나의 구도도, 나의 실망과 발견 들도 이미 존재했던 것이다.

거대한 배들, 어떤 배들은 인간의 양심과 불안을 일깨우며 급작스럽게 침몰하기도 했다
결코 죽지 않을 명성을 얻으며 범상치 않은 장식의 스타로 변모하기도 했다
다른 배들은 아무 말 없이, 작은 항구와 선창에서 불이 꺼져
녹의 외투를, 붉은빛 녹의 털가죽이나 담요를 덮어쓴 채
참을성 있게 마지막 변신을, 영혼과 물건에 대한 마지막 심판

을 기다리고 있다
　뤽상부르 공원에서 1센티미터 또는 2센티미터씩 말을 움직이며 장기 두는 사람들처럼

균형

위에서 북극의 풍경을 내려다보았다,
아무것도 생각지 않았다, 달콤하리만치 정말 아무것도.
새하얀 구름의 차양을 보았다, 늑대의 발자국 따위는
찾아볼 엄두조차 나지 않는 끝없이 드넓은 천공天空에서.

너를 떠올리며, 그런 생각을 했다,
공허가 약속할 수 있는 건 오직 하나-충만함뿐이라고,
눈 덮인 어떤 황무지는 행복의 과잉으로 인해
산산조각 날 수도 있다고.

착륙 시간이 다가오자
구름 사이로 무방비 상태의 대지가 모습을 드러냈다,
주인한테 버림받은 우스꽝스런 정원들이,
한파와 바람에 시달린 창백한 잔디가 나타났다.

책을 내려놓은 순간, 아주 잠깐이지만
의식과 꿈 사이에서 완벽한 균형을 느꼈다.
하지만 비행기가 시멘트 바닥에 닿고
공항의 미로 속을 분주히 돌기 시작했을 때

다시금 나는 아무것도 모르는 상태가 되었다.
일상의 혼돈이 만들어 내는 어둠이, 한낮의 달콤한 어둠이 돌아왔다,
계산하고 측정하고, 기억하고 또 잊어버리는 목소리의
어둠이 돌아왔다.

평범한 인생

우리의 인생은 평범하다고,
벤치 위에 누군가 두고 간
구겨진 신문에서 읽었다.
우리의 인생은 평범하다고,
철학서에서 읽었다.

평범한 인생, 일상과 근심,
어쩌다 한 번쯤 관람하는 음악회, 대화, 교외로의 산책
좋은 소식, 나쁜 소식 -

하지만 사물과 생각은
완결되는 법이 없다,
그저 윤곽만 그려질 뿐.

집과 나무들은
무언가에 굶주려 있다.
여름철 푸른 초원이
화산 행성을 덮고 있다,
마치 대양의 외투처럼.

어두운 극장이 빛을 삼킨다.
숲은 뜨거운 숨을 내뱉고,
구름은 나직이 노래를 읊조리며,
꾀꼬리는 비를 내려 달라 기도한다.
평범한 인생은 굶주려 있다.

낯선 도시에서

가볍고도 거의 비현실적인
지중해의 향기,
자정 무렵 거리에 운집한 군중
— 우리가 전혀 알지 못하는
축제가 시작되는 중.
우리의 무릎 밑을 빠져 나가는
비쩍 마른 고양이,
집시들이 저녁밥을 먹고 있다
마치 노래를 부르듯이,
그 위로 늘어선 새하얀 돌집들,
낯선 언어.
행복감.

2004년의 마지막 날

당신은 집에 틀어박혀 오랫동안 듣고 있다,
나른하게, 음울하게 읊조리는
빌리 홀리데이의 음반을.
자정이 찾아올 때까지 당신을 붙들고 있는
매 시각을 초조하게 헤아리면서.
죽은 자들은 평온하게 노래를 부르건만
산 자들은 무엇 때문에 공포를 떨치지 못하는가?

함께 듣던 음악

그대와 함께 듣던 음악은
음악 그 이상이었다
우리의 동맥에서 흐르던 피는
피 그 이상이었다
우리가 함께 맛본 기쁨은
진정한 기쁨이었다,
만약 누군가에게 감사해야 한다면,
그건 바로 '지금'에게일 것이다,
너무 늦어 버리기 전에
그리고 너무 고요해지기 전에.

누군가 오르간을 조율하고 있다

텅 빈 교회에서 누군가 오르간을 조율하고 있다.
고딕 양식의 경당에서 우레처럼 폭포가 쏟아진다.
고문당한 자들의 목소리와 학생들의 웃음소리가
수직으로 내리꽂히는 나의 한숨과 뒤섞였다.

텅 빈 교회에서 누군가 오르간을 조율하면서
파이프 리드의 야만적인 무법 상태를 즐기고 있다.
집을 부수고, 번개를 내던진다, 그러고는 다시 세운다,
도시와 스타디움, 공항과 고속도로를.

오르간 주자를 한 번만 볼 수 있다면!
그의 얼굴과 눈빛을 목격할 수 있다면!
그의 손놀림을 그대로 따라 할 수만 있다면
아마도 알 수 있으리니, 과연 우리를 어디로 데려가려는지,
우리와 더불어 우리가 돌보는 대상들,
아이들과 동물들, 그림자를 어디로 데려가려는지.

왕국들에 관해

　　나는 사라진 왕국들에 관해 꿈꾸기를 좋아한다
　　　—소동파

나는 이런 왕국들에 관해 꿈꾸기를 좋아한다,
놋쇠가 반짝거리며 노래를 부르는 곳,
누군가의 사랑이 깃들어 있는 높은 언덕 위에서
불꽃이 수직으로 타오르는 곳.
11월의 어느 늦은 오후,
긴 산책을 마치고
교외선을 타고 돌아오는 길
주위에는 피로에 찌든 사무원들과
닥스훈트를 꼭 끌어안고 있는
우울한 노파 한 명.
애석하게도 검표원은
미숙하기 짝이 없는 무당이다.
인생은 걸리버처럼 우리를 내려다보며 성큼성큼 걷고 있다,
큰 소리로 웃고, 또 눈물을 흘리면서.

피아노 레슨
―내가 여덟 살 때

이웃에 사는 J씨 부부 집에서 받게 된 피아노 레슨.
우리 집과는 전혀 다른 향기가 떠도는 그 집에
(우리 집에는 아예 향기가 없다는 생각이 들었다)
나는 처음 가 보았다. 사방이 온통 양탄자였다,
페르시아 산 두꺼운 양탄자.
그들이 아르메니아인이라는 건 알고 있었지만,
그게 무슨 의미인지 나는 몰랐다. 아르메니아인들에게는 양탄자가 있구나,

공중에는 르부프에서 실려 온 먼지,
중세 시대의 먼지가 떠돌고 있었다.
우리 집에는 양탄자도, 중세 시대도 없다.
우리가 누군지 나는 모른다―아마도 방랑자가 아닐까.
가끔은 우리가 아예 없다는 생각을 하곤 했다, 다른 이들만 있는 건 아닐까.
우리 이웃이 사는 집은 소리의 울림이 꽤 좋았다.

그 집은 늘 조용했다. 방 안에는 길든, 게으른 육식 동물처럼

피아노가 덩그마니 놓여 있고,
그 속에서, 그 한가운데서 음악의 검은 원형圓形이 조용히 쉬고 있었다.
첫 번째 혹은 두 번째 레슨을 마친 뒤 J씨 부인은
곧바로 내게 말했다, 외국어를 배워 보는 게 낫겠다고,
음악에는 재능이 없는 것 같다고.

나는 음악에 재능이 없다,
그러니 외국어를 배워야 한다.
음악은 이제 영원히 어딘가 다른 곳에 존재하겠구나,
내가 가까이 갈 수 없는, 낯선 집에.
검은 원형은 앞으로 다른 어딘가에 숨겨져 있겠구나,
하지만 또 다른 만남이, 또 다른 발견이 찾아올지도 모른다.

고개를 숙인 채 집으로 돌아왔다,
조금은 슬퍼하며, 조금은 기뻐하며,
페르시아의 향기가 풍기지 않는 우리 집으로,
아마추어의 수채화가 걸려 있는 곳으로.
쓸쓸함과 유쾌함을 동시에 맛보며 생각했다,

이제 내게는 오로지 언어만 남았다고, 단어만, 그림만,
그리고 세상만이 남았다고.

가족이 살던 집

너는 마치 이방인처럼 이곳을 찾지만,
여기는 네 가족이 살던 집이란다.
까치밥나무열매도, 사과도, 체리도 너를 알아보지 못하는구나.
품질 좋은 나무 한 그루가 새로운 호두를 떨구기 위해
묵묵히 채비를 하고 있고,
태양은 마치 잔뜩 긴장한 1학년 학생마냥
그림자에 색을 입히느라 분주하구나.
식당은 납골당인 척 위장하고,
귀에 익은 메아리를 모조리 거두어들이니
이제 그 옛날의 대화는 더 이상 남아 있지 않구나.
네 인생이 시작된 곳이 틀림없는 그 자리에는
누군가의 텔레비전이 웅얼대고 있구나.
하지만 지하실에는 어둠이 차곡차곡 쌓여 있으니-
네가 떠난 이후 모든 밤들이
오래된 스웨터의 털실처럼 한데 뒤엉켜
도둑고양이들이 그 속에 둥지를 틀고 있구나.
너는 마치 이방인처럼 이곳을 찾지만,
여기는 네 가족이 살던 집이란다.

벙어리 도시

어두운 도시를 상상해 보라.
아무것도 이해하지 못하는, 침묵이 지배하는 도시.
적막 속에 하늘을 날던 박쥐들이
우리로 하여금 탄성을 자아내게 하는
급진적이고 갑작스런 결정을 내린다,
마치 이오니아의 철학자들처럼.
벙어리 도시. 구름에 휩싸인.
아직 아무것도 알 수가 없다. 아무것도.
날카로운 번개가 밤을 갈기갈기 찢어 놓는다.
동방 정교회와 가톨릭의 사제는
푸른 벨벳 커튼으로 서둘러 창문을 가린다,
하지만 우리는 밖으로 뛰어나간다,
비의 속삭임을, 새벽을 듣기 위해.
새벽은 언제나 우리에게 뭔가를 속삭인다,
언제나.

비행기에서의 자화상
―이코노미 석에서

태아처럼 몸을 웅크리고,
비좁은 좌석 틈바구니에서 짓눌리면서
기억해 내려 애써 본다,
막 베어 낸 건초의 싱싱한 향기를,
고원의 목초지에서 나무 수레가
벌판길을 미끄러지듯 내달리며
굴러 내려가던 8월의 어느 날,
마부가 큰 소리로 고함을 친다,
패닉 상태에 빠진 남자들이 으레 비명을 지르듯,
《일리아드》에서 한 번 소리쳐 본 그들은
다시는 입을 다물지 않았으니,
십자군 원정 때도,
그 후에도, 훨씬 더 나중에도,
그들의 말에 귀 기울이는 이 아무도 없는
지금의 우리와 매우 가까운 어느 시대에도.

피로에 지친 나는 생각한다,
생각 속에 떠오를 수 없는 것들에 관해,
새들마저 곤히 잠들어

숲을 지배하고 있는 적막에 관해,
점점 다가오고 있는 여름의 종말에 관해.
나는 지금 양 손으로 머리를 움켜잡고 있다,
파손되지 않도록 고이 보호하려는 듯.
밖에서 들여다본 나는 미동조차 않은 채
죽은 듯, 모든 걸 체념한 듯,
연민을 불러일으키는 모습이리라.
하지만 이건 사실이 아니다-나는 자유로운데다
심지어 행복하니까.
그렇다, 나는 지금 양손으로 움켜잡고 있다,
내 무거운 머리를,
하지만 그 속에서 이제 막 시詩가 태동하고 있다.

불가능한
—5414 S. 블랙스톤, 시카고

뭔가를 쓴다는 건 얼마나 어려운 일인지,
집에서건 비행기에서건 바닷가에서건
어두운 숲 속에서건, 아니면 고요한 저녁 무렵이건 간에.
끊임없이 새롭게 시작하고, 전속력으로 달음질치다가
15분 후 다시 포기하고, 마지못해 항복한다.
적어도 당신만은 내 말에 귀 기울여 주기를,
—알다시피 이론가들은 거의 매일같이 집요하게
우리를 일깨워 주므로, 우리가 전부 잘못 이해했노라고,
늘 그렇듯이 보다 심오한 의미를 담아 내지 못했노라고,
적절한 문헌을 읽지 않았노라고, 애석하게도
잘못된 결론을 추출하고 말았노라고.
그들은 단언한다. 시란 애초부터 불가능한 것이라고,
운문이란 스포트라이트의 황금빛 안개 속에
개별적인 얼굴들이 녹아 없어져 버리고,
성난 군중의 거친 함성 속에
무기력한 개인의 목소리가 파묻혀 버리는
거대한 회당과 같은 것이라고.
그러니 어쩌란 말인가? 숙련된 단어들은 순식간에 소멸돼 버리고,

평범한 단어들은 설득력을 잃어버렸으니.
이 모든 정황이 입증하는 건 오직 한 가지,
실렌티움[1]이란 단지 극소수의 신봉자들에게만 적용된다는 사실.
때로 나는 죽은 시인들을 질투한다.
그들에겐 이제 더 이상 '나쁜 날'은 없으므로,
'우울증'이 뭔지도 모르고,
'공허함'이나 '수사학', 비나 저기압과는
완전히 단절되었으므로,
'신랄한 비평'으로부터 자유로워졌으므로,
하지만 그들은 여전히 우리에게 말을 건다.
죽은 시인들이 품었던 모든 의혹은 그들과 함께 사라졌지만,
환희는 오롯이 살아 있다.

1_ 라틴어 'silentium'은 '침묵', '고요'를 뜻한다.

1월 27일

얼어붙은 날. 차가운 태양. 새하얀 입김.
그해 금요일 우리는 알 수가 없었다,
무엇을 축하해야 하고, 무엇을 애도해야 하는지,
– 그날은 홀로코스트의 희생자를 추모하는 날이자
모차르트의 탄생일이었기에.
우리의 기억은 어찌해야 좋을지 몰랐고.
우리의 상상력은 갈피를 잡지 못했다.
창턱에 세워 놓은 촛불은 눈물을 흘렸지만
(우리는 촛불을 켜 달라는 요청을 받았다),
스피커에서는 모차르트 초기의
경쾌한 음악이 흘러나오고 있었다, 로코코,
은빛 가발의 시대, 우리가 아우슈비츠에서 알게 된
회색빛 머리카락이 아닌.
화려한 의복의 시대, 알몸이 아닌,
희망의 시대, 절망이 아닌.
우리의 기억은 어찌해야 좋을지 몰랐고,
우리의 상상력은 갖가지 추측 속에서 길을 잃었다.

종점

길옆에 늘어선 붉은 집들을 따라 전차가 움직였다.
놀이공원의 회전목마처럼
채굴 탑[1]에서 바퀴가 돌아갔다.
정원에는 매연 탓에 시커멓게 변색된 장미가 피어 있고,
제과점에서는 과자 조각으로 장식한 케이크 주변을
흥분한 말벌들이 날아다녔다.
그때 내 나이 열다섯, 전차는 주택가 사이를 누비며
점점 더 빨리 내달렸다,
풀밭에서 노랗게 피어난 미나리아재비를 보았다.
종점에 다다르면 이 모든 것의 의미를
알 수 있으리라 기대했다,
하지만 아무 일도 일어나지 않았다, 아무 일도,
운전사들은 치즈를 끼운 롤빵을 먹었고,
늙은 여인 둘이서 나지막이 대화를 나누고 있었다,
물가에 대해, 질병에 대해.

1_ 석유나 석탄 등을 캐는 굴착기가 부착된 탑.

당신이 기억을 잃어버린 지금
—아버지께

기억을 잃어버린 지금
당신이 할 수 있는 일이라곤 그저 무기력하게 웃는 일뿐,
당신을 돕고 싶다—바로 당신이기에,
데미우르고스¹처럼 내 상상력을 활짝 열어 준 장본인.
나는 기억한다, 우리의 탐험을, 깊은 산 속, 습기 찬 숲 속에서
낮게 유영하던 양털 구름들을
(당신은 그 숲의 모든 오솔길을 꿰뚫고 있었다),
함께 발트 해의 등대 꼭대기까지 올라갔던 어느 여름날을,
그때 우리는 오래도록 바라보았다, 끊임없이 파도치던 바다를,
푸른 수면 위에 시침질 자국처럼 삐뚤빼뚤 아로새겨진 새하얀
바늘땀들을.
그 순간을 나는 결코 잊지 못하리라, 아마 당신도 감격했으리,
—세상의 전부를 보고 있음을 우리 함께 느꼈기에,
무한한, 잔잔히 숨을 내쉬는, 푸르른, 완벽한,
선명하면서 동시에 아련한, 가깝고도 먼 세상을.
그때 우리는 이 행성의 둥근 형태를 고스란히 느꼈고,
뜨겁고도 차가운 기류 속에서 유유자적
미끄러지듯 날고 있는 갈매기의 노래를 들었다,
나는 당신을 도울 수 없다, 내게는 단 하나의 기억밖에 없기에.

1_ 플라톤의 우주 생성론에서 창조신의 별칭. 그리스어로 '제작자'라는 뜻이다.

위대한 시인이 세상을 떠나다
― 체스와프 미워시를 생각하며

한낮의 일상적인 햇빛 아래서
달라지는 것은 정말 아무것도 없다,
위대한 시인이 세상을 떠나건만.
오래된 느릅나무 수관(樹冠)에서
잿빛의 참새와 찌르레기가
여전히 뜨겁게 논쟁을 벌이고 있다.

위대한 시인이 세상을 떠나건만
도시는 멈추지 않는다, 지하철과 전차는
여전히 현대의 성배를 찾아다닌다.
도서관에서는 어여쁜 소녀가
모든 것에 관한 명쾌한 설명이 될 수도 있는
어떤 시 한 편을 무심하게 훑어보고 있다.

정오에는 여느 때처럼 시끌벅적한 소음이 울려 퍼지고,
밤에는 고요한 집중력이 사방을 지배한다,
별들 속에는 영원한 불안감이 깃들어 있다.
머지않아 나이트클럽이 문을 열 것이다,
무관심이 문을 열 것이다―

위대한 시인이 이제 막 숨을 거두었음에도 불구하고.

진심으로 사랑하던 누군가와 오랫동안
혹은 영원히 이별하게 되면,
우리는 갑작스레 절감하게 된다, 그 어떤 말도 부질없다는 걸,
그저 스스로를 다독일 수밖에 없다,
이제 우리의 말을 대신해 줄 사람은 아무도 없다고,
-왜냐하면 위대한 시인이 세상을 떠났으니까.

메타포

모든 메타포는 실패라고 말했다,
몹시 늙은 어느 시인이 호텔 바에서
자신에게 흠뻑 빠진 학생들을 향해.
몹시 늙은 시인은 기분이 썩 좋아져서
한 손에 와인 잔을 든 채 말했다.
이것은 구체화와 관련된 아주 근본적인 문제입니다,
우리가 사랑하는 대상, 보이지 않는 대상은
볼 수 있고 표현할 수 있는 대상으로
구체화되기 마련이죠, 여기서 절대적인 방법이란 결코
존재하지 않습니다, 하나하나 개별적으로 접근해야만 하죠,
그러니 언제나 너무 모자라거나
혹은 넘칠 수밖에 없습니다, 봉합 자국은 겉으로 드러나 있고,
손가락과 단추, 우산과 손톱,
수령되지 않은 푸른색 항공우편 봉투에 든 편지들은
밖으로 튀어나와 있습니다, 그러니 남는 건
결핍 또는 과잉에 대한 자각일 뿐.
누군가는 불길하게 침묵하고, 다른 누군가는 황급히 도움을 청합니다,
얼음이 부서지고, 구급차가 달려옵니다, 안타깝지만 너무 늦게

말이죠,
　하지만 주목하세요, 그렇기 때문에, 바로 그런 불일치 덕분에,
　그 설명할 길 없는 균열 덕분에,
　우리는 여전히 메타포의 환상을 쫓고 있는지도 모릅니다.
　우리는 평생 어둠 속을 걷고 있습니다,
　어두운 숲 속에서 비유의 흔적을 따라가는 중입니다.
　이제 막 결론으로 치닫고 있는
　내 연설처럼 불완전하기 짝이 없는 비유의 흔적을,
　물론 아직 덧붙일 말은 많지만,
　사뭇 걱정스럽네요, 나는 벌써 피곤하거든요,
　잠이 나를 부르는 소리가 들려오는 것 같군요.

사진 찍힌 시인들

시인들이 사진 찍힌다,
하지만 자신들이 정말로 뭔가를 보고 있는 순간에는
절대 아니다,
시인들이 사진 찍힌다,
책이 잔뜩 쌓인 책장을 배경으로,
하지만 어둠 속에서는 절대 아니다,
침묵 속에서도 아니고,
밤에도, 확신이 없을 때도,
망설일 때도,
마치 성냥개비에 들러붙은 인燐과 같이
환희가 깃들어 있을 때도 아니다.
미소를 머금고 있는 시인들,
침착하게, 또 유식하게.
시인들이 사진 찍힌다,
시인이 아닌 바로 그 순간에.
음악이 무엇인지
우리가 알 수만 있다면.
우리가 이해할 수만 있다면.

얼굴

저녁 무렵의 광장에서 빛나고 있다, 내가 모르는
사람들의 얼굴이. 나는 게걸스럽게 쳐다보았다,
사람들의 얼굴을, 저마다 다른,
각자 뭔가를 말하고, 설득하고,
웃고, 아파하는 얼굴들을.

나는 생각했다, 도시는 집을 짓는 게 아니구나,
광장이나 가로수길, 공원이나 넓은 도로를 짓는 게 아니라
등불처럼 빛나는 얼굴들을 짓는구나,
늦은 밤, 구름처럼 피어나는 불꽃 속에서 땜질을 하는
용접공의 점화기처럼 빛나는 얼굴들을.

시를 쓴다는 것

시를 쓴다는 건 승자 없는 결투—
한편에서는 나비의 눈에 비친 거대한 산처럼
육중한 그림자가 서서히 몸을 일으키고,
다른 편에서는 고통 속에 겨울이 탄생하던 그날 밤의
성냥 불빛처럼 일순간의 밝음이,
이미지와 생각의 섬광이 번뜩인다.
시를 쓴다는 건 참호 속의 교전, 암호화된 전보,
오랜 감시와 인내.

침몰하면서 구조 신호를 보내다가
결국 침몰을 멈춘 배, 승리의 함성,
나이 지긋한, 침묵의 거장을 향한 충절,
잔인한 세상에 관한 고요한 명상,
환희의 폭발, 황홀경, 불만족,
모든 것이 사라진다는 사실에 대한 한탄,
아무것도 잃지 않으리라는 희망,
마지막 한마디가 빠진 대화,
학생들이 모두 나가 버린 뒤 기나긴 휴식 시간,
한 가지 결점에 대한 극복,

그리고 새로운 결점의 시작. 후속 시에 대한 영원한 기다림,
기도, 돌아가신 어머니에 대한 추모,
일시적인 휴전, 까맣게 타 버린 고해소에서의 고발과 속삭임,
저항과 너그러운 용서,
전 재산의 탕진, 자책, 동의$_{同意}$,
전력 질주와 한가로운 산책, 아이러니, 차가운 시선,
신앙 고백, 발성$_{發聲}$, 서두름,
가장 소중한 보물을 잃어버린 어린아이의 울음.

아버지는 더 이상 나를 알아보지 못한다

아버지는 더 이상 나를 알아보지 못한다.
불과 얼마 전까지 우리에게 위로가 되어 주던
의식의 희미한 자취도 이제는 찾아볼 수 없게 되었다.
아버지는 어둠 속에 깊숙이 가라앉은 채, 잠을 자거나 졸고 있다,
벌써 우리 곁을 떠난 것마냥.
하지만 아버지가 진짜 얼굴을 드러내는
아주 짧은 순간이 아직도 찾아오곤 한다.

피아노 조율사
― 시카고의 교향악 연주회장에서

음악회의 휴식 시간, 코르덴 재킷을 걸친 한 남자가
막 뒤에서 나타나 마치 숙련된 산부인과 의사처럼
자신의 손을 피아노에 갖다 댔다가 금세 사라진다,
그동안 부주의한 청중들은 깊게 숨을 내쉰다.
우리는 살아 있노라고 음악가들은 말한다.
우리는 들어야 한다고 우아한 부인들이 말한다.
 공연은 계속된다, 비록 밤이 오래전에 이 도시의 전략적 거점을 모두 점령했고,
 비너스가 차가운 광선을 내뿜으며 환히 빛나고 있음에도 불구하고.

자화상
— 2008년 5월, 에릭 피슬의 자화상을 보고

점점 더 늙는다. 낡은 옷들. 많이 읽고 가끔은
끝없는 숲 속의 인디언들처럼 사라진다. 되풀이한다,
모든 것이 되풀이되는 것이다, 주머니 속의 누런 수첩, 음악의
엄청난 호소.
저녁이면 구겨진 셔츠를 입고 창가에 서서 하품을 한다.
사진마다 조금씩 다르게 보인다. 아버지의 얼굴이
약간 우울한 그의 얼굴로 침입한다. 짧은 흰 수염,
일종의 항복을 표현해야만 한다고 적들은 말한다.
눈은 희망을 품고 렌즈를 응시하고 있다. 점점 더 늙는다.

물을 좋아한다, 꿈꾸는 강의 평평함과 초록빛 대양을.
수영할 때면 그의 몸은 마치 다른 존재 방식을 찾기라도 하듯
검은 흐름 속으로 사라진다.
바람이 그의 숨을 뺏고, 밤은 완벽한 평화를 준다
(그의 친구가 비웃으며, 유일한 완벽이라 말한다,
이 친구와 벌써 10년째 언쟁 중이다).
시민으로, 그는 상처 입은 조국에 대해,
한 번도 존재하지 않았던 어린 시절의 정원에 대해 생각한다.

여행을 많이 한다. 베오그라드에서의 4월, 최근에 일어난 수두 자국,

물이 불어난 도나우 강은 독일에서 보낸 철없던 청춘을 생각나게 한다.

5월은 예루살렘, 다시 한 번 전쟁의 흔적, 그러나 성스러움이
목련꽃 향기처럼 감도는 전설의 도시.

기자들의 질문은 묘하게도 이미 들어 본 듯한 기분이 든다.

낯설음이 커진다. 항상 똑같았다. 이른 아침 식사, 점심 이후의 긴 산책. 점점 움직이지 않는 물체로 변해 간다.

꿈은 그를 지하로 이끌지만, 새벽이 능숙하게 그를 놓아 준다.

하지만 그것은 나, 변함없는 나, 영원히 구도하고

형체가 없는, 계속해서 나, 매일 아침은

반짝이는 새로운 장章을 열고, 그것을 끝낼 줄 모르는, 바로 나,

거리에서, 역에서, 아이들의 울음소리와 학생들의 웃음소리와

찌르레기의 휘파람 소리를 듣는 나, 무지의 나, 확신하지 못하는 나, 갈망의 나,

기대와 미칠 듯한 기쁨의 나, 아무것도 이해하지 못하는 나,

시비에 대답하고, 의심하고, 다시 처음부터 시작하려 하고,

대화 속에 숨고, 절망 속의, 유식한 토론 속의 나,

겨울날 정적 속의, 진력난 채 의기소침한 나,
십대처럼 꿈속에 빠져 불행하고 건방진 나,
노인처럼 죽도록 피로한 나,
박물관에서, 바닷가에서, 크라쿠프 광장에서
오지 않는 순간을 그리워하며, 흐린 날 오후의 산처럼 숨는 나,
결국 찾아온 명백함, 그리고 갑자기 모든 것을, 모든 것을 이해하게 된다,
그 명백함이 나는 아니라고.

사진을 본다

　내가 태어난 도시의 사진을 본다,
　무성한 정원과 구부러진 거리들을, 언덕과
　가톨릭 성당의 지붕과 정교회의 돔들을,
　일요일이면 대규모 베이스들이 노래를 불러,
　근처의 나무들은 돌풍이라도 맞은 것처럼 휘어졌다.
　이 사진을 오랫동안 본다, 눈을 뗄 수가 없다,
　그러다 갑자기, 그들 모두가 아직도 그곳에 살고 있다고 상상한다,
　아무 일도 없었던 듯, 모두들 강의에 맞춰 뛰어가고,
　기차를 기다리고, 파란색 전차를 타고,
　불안하게 달력을 바라보고, 몸무게를 재고,
　베르디의 아리아와 좋아하는 오페레타를 듣고,
　백지 신문을 읽고,
　바쁘게, 두려움 속에 살며, 항상 늦고,
　약간은 불멸이지만, 그 사실을 알 수는 없고,
　누군가는 집세를 밀렸고, 누군가는 결핵을 무서워하고,
　칸트 철학에 대한 논문을 끝마치지 못하기도 하고,
　도대체 사물이 그 자체로 존재한다는 말이 무슨 뜻인지 알 수가 없고,

브죠호비체[1]로 케이크를 들고 가는 할머니의 팔은 여전히 튼튼하고,
 약국에서는 수줍은 소년이 담대해지는 약을 청하고,
 소녀들은 작은 가슴을 거울에 비춰 보고,
 사촌은 목욕 후 바로 공원으로 나가며,
 이제 곧 폐렴에 걸릴 것이라는 사실을 전혀 모르고,
 열정이 분출되기도 하고, 겨울이면 노란 등불들이
 한데 모여 무리를 이루고, 7월이면 파리들이 시끄럽게
 여름의 커다란 빛을 축하하고 어두운 찬가를 흥얼거리고,
 인종 학살이 벌어지고, 봉기와 이주,
 멋진 얼굴이 돋보이는 군복을 입은 잔인한 나치 군대와
 초라한 소련의 비밀경찰과 우정을 약속하지만
 사실은 배신의 표시였던 붉은 별들,
 하지만 그들은 그 사실을 전혀 모르고, 거의 보지 못하고,
 할 일이 너무 많아, 겨울을 날 석탄도
 구해야 하고, 좋은 의사도 찾아야 하고,
 답장 쓸 편지는 밀려만 가고, 갈색 잉크는 희미해지고,
 방에는 최신 제품인 라디오가 켜져 있지만, 그들은
 일상의 삶과 일상의 죽음에 지쳐,

아무것도 할 시간이 없고, 그것을 사과하고,
긴 편지와 한가한 엽서를 쓰고,
계속해서 늦고, 절망적으로 늦고,
마치 우리처럼, 정확히 우리처럼, 바로 나처럼.

1_르부프 교외의 작은 시골 마을.

어머니에 대하여

어머니에 대하여 나는 아무 말도 못하겠다.
어머니가, 이제 당신 없으면 내가 얼마나 후회할지에 대해 얼마나 자주 말했는지, 그리고 내가
'이제'도 '없으면'도 얼마나 믿지 않았는지,
인기 소설을 들고서
바로 맨 마지막 장부터 읽던 모습을 내가 얼마나 좋아했는지,
부엌에서, 정말 이 장소는 당신에게 맞는 곳이 아니라고 생각하면서
일요일의 커피, 아니 더 심하게는, 대구살 요리를 만들어 내던 모습을,
손님이 오기를 기다리며
자신의 진짜 외모를 절대 직시하지 않는 표정을 짓고
거울을 바라보는 모습을 (그 표정은, 사실, 다른 여러 단점들과 함께 내가 어머니로부터 그대로 물려받았다.),
그러고는 당신의 단점을 술술 얘기하던 것을,
내가 쓸데없이 어머니를 괴롭혔던 것을,
그러니까 어머니가 당신을 귀먹어 가는 베토벤에 비교했을 때 내가,
잔인하게도, 하지만, 그 사람은 재능이라도 있었지, 하고 말했

던 것을
   그래도 다른 모든 일들처럼 어머니가 나를 용서했던 것을
   그 모든 것들을 내가 어떻게 기억하고 있는지,
   그리고 어떻게 휴스턴에서 어머니의 장례식으로 날아갔는지,
   그 모든 것들에 대해, 나는 아무 말도 할 수 없었고
   지금도 할 수가 없다.

추억들

너의 추억들을 자주 방문하길,
그들을 위해 두터운 범포 덮개를 바느질하길.
천공天空을 향해 창문을 활짝 열길.
부디 그들에게 친절하길,
그들로 하여금 자신이 누구인지 절대 알지 못하게 하길.
이것은 너의 추억이므로.
언제나 이 사실을 기억하기를.
네가 기억의 사르가소 해[1]를 헤엄쳐 다니고,
해초가 무성히 자라 네 입술을 뒤덮더라도.
이것은 생의 마지막까지 결코 잊지 못할
오로지 너의 추억임을.

1_ 북대서양에 위치한 미국 바하마 제도의 동쪽 앞바다. 모자반류Sargassum natans가 풍부해서 '사르가소'라는 명칭이 유래했다.

상처 입은 세상을 찬미하려 노력하라

상처 입은 세상을 찬미하려 노력하라
6월의 긴 날들을
산딸기와 로제 와인 방울과 이슬을
쫓겨난 사람들의 농장 위를 빈틈없이 뒤덮는 쐐기풀을 기억하라
너는 상처 입은 세상을 찬미해야만 한다
네가 본 멋진 요트와 배들,
이들 중 하나만 먼 여행을 앞두고 있고
나머지에겐 소금기 가득한 망각만이 기다린다
너는 갈 곳도 없이 걷고 있는 난민들을 보았고
처형자들이 즐겁게 노래하는 것도 들었다
상처 입은 세상을 찬미해야만 한다
하얀 방에 우리가 함께 있었던 순간을 기억하라
커튼은 펄럭이고 있었다
음악이 폭발하던 콘서트의 기억으로 돌아가라
가을이면 너는 공원에서 도토리를 주웠고
나뭇잎들은 땅의 흉터 위에 소용돌이쳤다
상처 입은 세상을 찬미하라
개똥지빠귀가 잃어버린 회색의 깃털을

흩어지고 사라졌다가 다시 돌아오는
부드러운 빛들을

피상적인 아름다움보다는 진실을 열망하는 시인, 아담 자가예프스키

최성은

최근 몇 년 동안 노벨문학상 수상 후보로 자주 거론되며 한국의 독자들에게도 그 이름이 알려진 아담 자가예프스키Adam Za-gajewski(1945~)는 현재 폴란드 문단에서 가장 많은 사랑을 받고 있고 세계적으로도 크게 인정받고 있는 시인이다. 메리 올리버Mary Oliver나 데릭 월코트Derek Walcott와 같은 시인들은 물론이고, 많은 평론가들이 자가예프스키를 생존하는 유럽 시인 중 가장 중요한 인물로 꼽고 있다.

자가예프스키는 2차 세계대전이 종전된 직후인 1945년 6월 21일, 지금은 우크라이나 영토가 된 르부프에서 '해방둥이'로 태어났다. 2차 세계대전 이후 얄타 회담과 포츠담 회담으로 인해 국경선이 조정되면서[1] 폴란드는 패전국인 독일에 속했던 서부 지역을 할양받는 조건으로 국토의 4분의 1에 해당하는 동부 지역을 소비에트에 빼앗기게 되었다. 그 결과 르부프에 거주하던 폴란드인들은 새로이 폴란드 영토가 된 실롱스크(슐레지엔) 지방으로 이주하게 되었다. 자가예프스키 또한 가족과 함께 실롱스크 지방의 탄광 도시인 글리브체에 정착하여 이곳에서 어린 시절을 보냈다.

이후 자가예프스키는 폴란드의 옛 수도인 크라쿠프의 야기엘론스키 대학교에서 심리학과 철학을 전공하게 되었고, 중세 시대의 모습을 고스란히 간직한 천년고도는 시인에게 제2의 고향이자 문학적 영감의 발원지가 되었다. 학창 시절부터 폴란드의 권위 있는 문예지 《오드라Odra》의 편집부에서 일하며 문단과 인연을 맺었던 자가예프스키는 1967년 문예지 《문학 생활Życie literackie》의 추천을 받아 시인으로 등단했다. 이후 율리안 코른하우저Julian Kornhauser (1946~), 스타니스와프 바라인착Stanisław Barańczak(1946~), 리샤르드 크리니츠키Ryszard Krynicki(1943~) 등의 동료 시인들과 함께 이른바 '68세대'로 불리는 '노바 팔라Nowa Fala(새로운 물결)' 그룹을 결성하게 된다. '노바 팔라'에 동참한 시인들은 사회주의 언론에서 즐겨 사용하는 선동적인 정치 선전 문구를 시의 소재로 삼아 다양한 언어적 실험을 시도하면서 사회주의 리얼리즘의 획일성을 과감히 거부했고, 60년대 말부터 70년대 초까지 청년 운동을 주도했다.

1972년 자가예프스키의 첫 시집인 《공보Komunikat》가 선을 보였고, 이후 《정육점Sklepy mięsne》(1975), 《편지List》(1978) 등의 시집이 잇달아 출간되었다. 자가예프스키의 초기작은 '노바 팔라'가 추구했

1_ 동맹국인 독일, 이탈리아, 일본의 패배로 2차 세계대전이 종결되자 폴란드의 국경선은 얄타 회담과 포츠담 회담을 통해 새롭게 조정되었다. 얄타 회담으로 인해 폴란드는 동쪽에서 약 1만 80,000km^2에 달하는 영토를 상실했고, 포츠담 회담의 결과로 오데르와 나이세, 두 강의 동쪽에 있는 옛 독일 영토 10만 2,700km^2가 폴란드 땅이 되었다. 이에 따라 리투아니아와 우크라이나, 벨로루시 등에 거주하던 폴란드인들에 대한 송환 협정이 체결되었고, 이들은 자신들의 고향을 떠나 현재 폴란드 영토의 서부와 북부 지역에 해당하는 실롱스크와 포모제 지역으로 강제 이주되었다.

던 이상과 궤적을 같이하면서 언론 매체나 정치 연설문에서 주로 사용되는 공식적인 언어와 선동적인 문구로 인해 진실이 교묘하게 조작되고 왜곡되는 모순적인 실상을 고발하는 한편, 사회적·정치적 현상들에 내포된 숨은 의미를 묻는다.

1970년대에 활발한 창작 활동과 더불어 문학을 통한 반체제 저항 운동에도 적극 가담했던 자가예프스키는 1975년 작품 출판이 금지되자 폴란드를 떠나 여러 지역을 전전하게 된다. 1981년 배우이자 번역가인 부인 마야 보데츠카와 함께 파리에 정착한 시인은 해외로 망명한 폴란드 작가들의 구심점 역할을 했던 파리의 문학 연구소 Instytut Literacki가 창간한 문예지 《문학 노트Zeszyty Literackie》의 편집위원이 되었다. 이 시기에 《다수에 대한 찬가Oda do wielości》(1982), 《르부프로 간다Jechać do Lwowa》(1985) 등의 시집이 출간되었다.

이 두 권의 시집은 깊은 사색과 고민에 잠겨 망설임과 의문 부호를 앞세우던 지금까지의 경향에서 진일보하여 향후 자가예프스키의 시에서 일관되게 발견되는 주요 모티브들이 본격적으로 나타나기 시작했다는 점에서 중요한 의미를 갖는다. 어린 시절 떠나온 고향 르부프에 대한 향수와 자신의 정체성에 대한 치열한 탐구, 한 권의 책을 손에 든 채, 불의와 모순으로 가득 찬 거대한 세상을 끊임없이 방랑하며 사색하는 인간의 이미지, 역사에 함몰된 개인이 안고 있는 생물학적·존재론적인 고민과 더불어 인간의 삶에 내재되어 있는 역동성과 다양성에 대한 찬가, 유럽 문화의 전통을 다각도로 활용하려는 시도 등이 그것이다.

사회주의 체제가 붕괴되고 폴란드가 민주화를 이룩한 1989년 이후 발표된 일련의 시집들, 《캔버스Półtno》(1990), 《불타는 대지Ziemia ognista》(1994), 《갈망Pragnienie》(1999), 《귀향Powrót》(2003), 《안테나 Anteny》(2005), 《보이지 않는 손Niewidzialna ręka》(2009) 등에서도 이러한 모티브들이 일관되게 발견된다.

자가예프스키는 시집뿐 아니라 여러 권의 문화 비평서와 산문집도 출간했다. 대표작으로는 동료 문인 율리안 코른하우저와 공동으로 집필한 《소개되지 못한 세상Świat nie przedstawiony》(1974)을 비롯하여 《따뜻하다, 춥다Ciepło, zimno》(1975), 《절대음감Słuch absolutny》(1979), 《연대와 고독Solidarność i samotność》(1986), 《두 도시Dwa miasta》(1991), 《타인의 아름다움에서W cudzym pięknie》(2001), 《시인, 철학자와 대화하다Poeta rozmawia z filozofem》(2007) 등이 있다.

1988년부터 미국 휴스턴 대학교에 초빙교수로 재직하게 된 자가예프스키는 영문학과에서 문예창작 강좌를 맡으며, 미국과 파리를 오가는 생활을 계속하다가 2002년 고국으로 돌아가 크라쿠프에 정착했다. 현재 모교인 야기엘론스키 대학교에서 시 창작 워크숍을 주관하면서 《문학 노트》의 편집위원으로도 계속 활동하고 있다.

폴란드 문단을 대표하는 시인답게 자가예프스키는 폴란드 내에서는 물론이고 유럽 여러 나라에서 다수의 문학상을 수상했는데, 대표적인 수상 경력으로는 1975년 제네바 문학상을 비롯하여 1987년 프랑스 펜클럽이 수여하는 자유 문학상, 1996년 슬로베니아 국제 빌레니카 문학상, 2001년 스웨덴의 토마스 트란스트뢰메르 문학상, 2002년 독일 콘라드 아데나우어 재단 문학상, 2004년 미국의 노이슈타트 문학상, 2012년 이탈리아에서 2년에 한 번씩 유럽의 문인들에게 수여하는 프레미오 에우로페오 디 포에지아 상 등을 꼽을 수 있다.

자가예프스키의 시집과 산문집은 영어, 프랑스어, 독일어, 스페인어, 네덜란드어, 이탈리아어, 스웨덴어, 노르웨이어, 슬로바키아어, 세르비아어, 알바니아어, 보스니아어, 슬로베니아어, 헝가리어 등 다양한 언어로 번역되었다.

  미국의 문학평론가인 보그다나 카펜터Bogdana Capenter는 자가예프스키의 문학 세계에 대해 다음과 같이 논평하고 있다. "자가예프스키는 시 안에서 전통과 새로움을 조화시키면서 강렬한 개성을 발산한다. 그의 작품 속에는 현실과 꿈, 현상에 대한 명민한 관찰과 상상력, 기교와 정신성, 인문학적 깊이와 자연스러운 감정 등 서로 상반되는 요소들이 씨실과 날실처럼 정교하게 엮여 있다. 문화와 자연이 동등한 비중을 차지하고 있는 것이다." 러시아 출신의 노벨문학상 수상 시인 브로츠키Josif Bro-dski 또한 자가예프스키에 대해 다음과 같은 찬사를 보냈다. "자가예프스키의 시에서처럼 시의 뮤즈가 이렇게나 명료하게, 그리고 격정적으로 노래하는 경우는 참으로 드문 일이다. 클리오와 에우테르페의 강렬한 대화를 두 귀로 직접 들을 수 있다는 건 정말 흔치 않은 체험이다."

뿌리를 찾아서-잃어버린 고향

앞서 언급했듯이 2차 세계대전 이후 폴란드의 국경선이 바뀌면서 사회주의 정부의 집단 이주 정책으로 인해 고향이나 뿌리를 상실한 수많은 사람들이 등장하게 되었다. 유년기에 르부프를 떠나야만 했던 자가예프스키도 바로 이런 강제 이주민 가운데 하나였다. 오랜 세월 폴란드의 문화적 중심지 역할을 했던 유서 깊은 도시들, 예를 들면 지금은 우크라이나 영토인 르부프나 현재 리투아니아의 수도인 빌뉴스를 소비에트에게 빼앗겨야만 했던 폴란드인들의 상실감은 이루 말할 수 없이 컸다. 특히 19세기 폴란드 학문 중흥의 산실이었던 빌뉴스 대학의 학자들이나 르부프 지역에서 대대로 유지 역할을 해 왔던 폴란드의 중소 귀족들이 문화적으로 척박한 실롱스크 탄광 지대의 소도시로 이주하게 됨으로써 잃어버린 고향에 대한 그들의 노스탤지어는 더욱 깊어질 수밖에 없었다.

개인을 과거와의 유대로부터 단절시키려는 폴란드 사회주의 정부의 강압적인 정책 또한 이주민들의 향수를 부추기는 계기가 되었다. 사회주의자들에게 '고향'이란 비생산적이고 무의미한 개념일 뿐 아니라 사회주의 건설에 장애가 되는 요소로 간주되었기 때문이다. 이런 맥락에서 볼 때 자가예프스키를 비롯하여 체스와프 미워시나 즈비그니에프 헤르베르트처럼 전쟁으로 인해 고향을 상실한 작가들에게 잃어버린 고향에 대한 상실감과 그리움, 그리고 자신의 뿌리와 정체성에 대한 고민은 숙명적인 테마가 아닐 수 없었다. 빼앗기고 잊힌 고향의 이미지는 1980년대와 1990년대 폴란드 문학에서 빈번하게 등장하는 테마 가운데 하나였고, '뿌리 문학literatura korzenna' 혹은 '작은 조국들의 문학literatura małych ojczyzny'으로 일컬어지는 새로운 조류의 탄생으로 이어졌다.

자가예프스키에게 잃어버린 고향 르부프는 이중적인 이미지, 즉 신화적인 이미지와 현실적인 이미지로 존재한다. 시인의 기억 속에 신화화되어 남아 있는 '과거'의 르부프는 어린 시절의 순수한 추억이 깃들어 있는 노스탤지어의 대상, 존재의 원형原形과 신비가 보존되어 있는 시원始原의 공간이다. 이러한 이미지는 부모에게 헌정된

〈르부프로 간다〉에 잘 나타나 있다.

> 짐을 싸, 언제나, 매일매일/ 그리고 숨도 쉴 새 없이, 르부프로 간다, 사실 르부프는/ 복숭아처럼 편안하고 깨끗하게/ 존재하니까. 르부프는 어디에나 있다.
> —〈르부프로 간다〉 부분

〈가족이 살던 집〉에서도 어린 시절에 머물던 르부프의 옛 집을 매개체로 돌이킬 수 없는 시간과 돌아갈 수 없는 공간에 대한 애틋한 그리움을 노래하고 있다.

> 너는 마치 이방인처럼 이곳을 찾지만/ 여기는 네 가족이 살던 집이란다./ 까치밥나무열매도, 사과도, 체리도 너를 알아보지 못하는구나./ (중략)/ 네 인생이 시작된 곳이 틀림없는 그 자리에는/ 누군가의 텔레비전이 웅얼대고 있구나.
> —〈가족이 살던 집〉 부분

이러한 신화적인 관점과는 대조적으로 지극히 현실적이고 이성적인 시각으로 바라본 '현재'의 르부프는 역사의 이름으로 개인을 타지로 내몰 수밖에 없었던 무기력한 도시, 전쟁과 살육의 흔적이 고스란히 남아 있는 상처투성이의 공간으로 인식된다. 그렇기 때문에 시인은 르부프를 떠올리면서 '모든 도시가 예루살렘이 되어야만 하고, 모든 사람이 유대인이 될 수밖에 없는' 실상을 개탄한다.

가위들, 칼들, 면도칼들이 몸속으로 파고 들어와/ 화려한 고위 성직자의 가운과 광장과 오래된 집들을 줄여 버리고,/ 나무들은 정글에서처럼 소리 없이 쓰러지고,/ 대성당은 몸을 떨고, 새벽이면/ 손수건도 눈물도 없는 작별, 그렇게 바싹 마른/ 입술, 너를 다시는 보지 못할 거야, 수많은 죽음이/ 너를 기다리겠지, 왜 모든 도시는/ 예루살렘이 되어야 하는 걸까, 그리고 왜 모든 사람은/ 유대인이 되어야 하는 걸까
-〈르부프로 간다〉 부분

르부프가 자가예프스키에게 돌아갈 수 없는 유토피아이면서 동시에 상처와 아픔을 간직한 역사의 산실이라면, 대학 시절 지성에 눈을 뜨고 청춘을 불태웠던 도시, 문단에 첫발을 내딛으면서 시인으로서 새로운 삶을 시작한 크라쿠프는 그에게 '제2의 고향'이자 동시에 '감성의 발원지'라고 할 수 있다. 크라쿠프에 대한 자가예프스키의 각별한 애정은 여러 편의 시에서 엿볼 수 있다.

박물관 먼지의 검은 아우라를 쓴/ 두우가 거리와 카르멜리츠카 거리로 돌아왔다./ (중략)/ 이미 옛날에 명예와 충성심을 팔아넘겨/ 이제는 자기의 벽들을 팔고 있는 도시로,/ (중략)/ 나로서는 아무것도 해 줄 수 없는,/ 이미 잊어버렸고 기억하고 있는 것들 외에는,/ 시와 인생 외에는/ 아무것도 바칠 수 없는 도시로.
-〈무지개〉 부분

크라쿠프에 존재하는 구체적인 장소를 소재로 한 일련의 작품들,

예를 들면 〈두우가 거리〉와 같은 시에서는 짧았지만 눈부시게 아름다웠던 젊은 날에 대한 아련한 동경과 이제는 더 이상 나의 몫이 될 수 없는 싱그러운 젊음에 대한 애틋한 갈망을 읽을 수 있다.

> 가장 흉물스러운 거리, 가을엔 석탄 연기가/ 8월이면 흰 폭염의 지루함이 뒤덮는 곳// 바로 여기서 너는/ 자랑스러운 르네상스 도시의 처음 몇 년을 보냈다/ 강의를 들으러 이 길을 뛰어갔고 너무 큰 군복을 휘날리며/ 교련 수업에서 돌아왔지/ 그리고 지금 너는 그때 느꼈던 환희로 돌아갈 수 있는지,/ 아직도 그렇게 아무것도 모를 수 있을지/ 아직도 그렇게 간절히 열망할 수 있을지/ 그리고 그렇게 기다릴 수 있을지,/ 마지막 꿈이 사그라지지 않도록, 가볍게 잠자고,/ 12월 새벽의 어둠에도, 벌떡 일어날 수 있는지 궁금해 한다
> -〈두우가 거리〉부분

아무런 이해관계 없이 무언가에 순수하게 매혹될 수 있었던 시절, 꿈이 사라질까 두려워 차마 잠을 이루지 못하고, 뜨거운 열망을 가슴속에 마음껏 품을 수 있었던 시절, 그 빛나는 시절의 공간적 배경이었던 크라쿠프로 귀향한 시인은 이제 다시는 돌아오지 않는 청춘을 회상하고 그리워하며, 그 시간에 경의를 표한다.

인생은 끝없는 유랑이기에

1970년대 후반, 사회주의 정부와의 마찰로 고국을 등진 뒤, 자가예

프스키는 파리와 휴스턴을 오가며 낯선 땅에서 또다시 새로운 삶을 일구어야만 했다. 르부프와 글리브체, 크라쿠프와 파리, 휴스턴, 그리고 외국의 낯선 도시들을 떠도는 방랑자, 혹은 여행자의 이미지는 자가예프스키의 시에서 지속적으로 발견되는 모티브이다.

> 시가 없어져 버린 것은 긴 오후들이었다./ 그리고 나는 홀로/ 끈으로 묶은 몹시 무거운 가방을 들고/ 9월의 검은 비를 맞고 선 파리 북역의 가난한 여행자처럼/ 불투명한 도시의 악마와 마주하였다.
> -〈긴 오후들〉부분

시인은 "모든 여행은 결국 초보자를 위한 신비주의 개론이다"라고 단언하면서 새로운 장소, 익숙하지 않은 공간을 유랑하는 여행길에서는 누구나 초보자가 될 수밖에 없음을 강조한다.

모국인 폴란드에서조차 잃어버린 고향에 대한 향수를 간직하고 살아야 했던 자가예프스키는 스스로를 어떤 공간에도 귀속되지 못하는 '이방인'이자 영원한 '타인'으로 규정하고 있다.

> 이방의 도시에서 태어난 우리는/ 그곳을 고국이라 부른다. 머지않아/ 우리는 그들의 성벽과 첨탑에 경의를 표하게 되리라./ (중략)/ 파리의 정교회 예배당에서 머리가 허옇게 센/ 마지막 남은 러시아인들이 기도를 한다./ 자신들보다 몇백 년은 더 젊고, 자신과 마찬가지로/ 무기력한 신에게. 이방의 도시에 우리는/ 남겨지리라, 나무처럼, 바위처럼.
> -〈이민자의 노래〉부분

오랜 세월 타지를 떠돌아야만 했던 자가예프스키는 시를 통해 역설한다. 낯선 타향에서 마주친 누군가가 내게 '타자'라면, 나 또한 상대에게 '타자'가 될 수 있음을, 다시 말해 우리는 모두 누군가의 '타자'이며 서로가 서로에게 영원한 '이방인'임을.

우리는 야만인이었네./ 너희는 우리 앞에서 떨고 있었네, 너희의 궁전에서./ (중략)/ 우리는 어두운 숲에 사는 존재였네.
-〈야만인〉 부분

유년 시절 일찌감치 고향을 상실하고, 새로운 장소, 생소한 공간, 모르는 사람들 속에 끊임없이 내던져져야만 했던 시인은 존재의 근원적인 본질을 찾아 복원하려는 불가능한 염원을 품는 대신, 자신에게 주어진 유랑의 숙명을 담담하게 받아들인다.

낯선 도시들에는 낯선 환희가,/ 새로운 시선의 차가운 행복이 있다./ 영민한 거미처럼 햇볕이 그물망을 치는/ 주택가의 노란색 회벽은 내 것이 아니다./ 시청도 공항도, 법원도, 감옥도/ 나를 위해 지어진 건 아니다.
-〈낯선 도시들에서〉 부분

본 시집에는 수록되어 있지 않지만 〈룩셈부르크 공원Ogród Luksemburski〉(2009)이라는 시에서도 "아름다운 낯설음piókna obcość", "차가운 행복zimne szczęście"이라는 유사한 표현이 등장한다. "거리두기는 아름다움의 본령이다."라고 시몬 베유Simon Weil가

단언했듯이, 일정한 거리를 유지한 채 대상을 바라보는 이방인의 관점은 반복되는 일상에서 놓치기 쉬운 삶의 아름다운 순간을 포착하는 원동력이 되어 주기도 한다. 시인이 낯선 도시에서 맞닥뜨린 낯선 사람들의 얼굴을 탐닉하듯 바라보는 것도 바로 이 때문이다.

> 저녁 무렵의 광장에서 빛나고 있다, 내가 모르는/ 사람들의 얼굴이. 나는 게걸스럽게 쳐다보았다,/ 사람들의 얼굴을, 저마다 다른,/ 각자 뭔가를 말하고, 설득하고,/ 웃고, 아파하는 얼굴들을.
> ─〈얼굴〉 부분

쉼 없이 길을 떠나야만 했던 자가예프스키에게 인생이란 결국 끊임없는 방랑의 연속이며, 인간은 태생적으로 '나그네'의 숙명을 떠안은 존재이다. 그렇기 때문에 시인은 〈거대한 배들〉에서 인생을 '항해'에 비유한다. 그리고 "나는 아직 시詩 속에 존재할 수 없으니 세상 속을, 도시 속을 표류해야 한다"라고 고백한다.

> 나는 바다의 아들이 아니다./ 하지만 바람의 아들, 박하와 첼로의 아들이다./ 그리고 저 높은 세상의 모든 길들이/ 지금까지 내게 속해 있던 인생길들과/ 꼭 맞닿아 있지는 않다.
> ─〈자화상〉 부분

자가예프스키는 인생을 '길'에 비유하고, 스스로를 '바람의 아들'이라 명명하면서, 언젠가는 몸과 마음과 풍경이 맞닿는 어느 지점에서 자유로운 영혼으로 비상할 수 있기를, 그리하여 자신의 인생길이

저 높은 세상의 길들과 맞닿을 수 있기를 꿈꾼다. 공간과 공간을 떠도는 외면적 여행이 삶에 대한 성찰을 추구하는 내면적 여행으로 자연스럽게 탈바꿈된 것이다.

자화상—나는 누구인가

정처 없이 떠도는 인생의 고독한 여정 안에서 나는 누구인가, 그리고 나의 자아는 시시각각 어떤 모습으로 변모하고 있는가에 대한 물음은 자가예프스키의 작품에서 가장 핵심적인 화두라고 할 수 있다.

> 서늘한 대성당에서 나는 누구일까,/ (중략)/ 날렵한 천장 아래 묻힌 나는 누구일까,/ 내 이름은 어디에 있을까,/ 누가 내 이름을 가져가려 하는 걸까,/ 바람이 머리 위의 모자를 앗아가듯,/ 누가 그 이름을 빼앗으려 하는 걸까.
> —〈고딕〉 부분

자가예프스키에게 공간의 변화는 스스로의 정체성을 규정짓는 중요한 요소로 작용하고 있다. 사회 정체성 이론Social identity theory의 창시자로 잘 알려진 영국의 사회심리학자 앙리 타이펠에 따르면 정체성이란 "자신이 특정한 사회적 집단에 속해 있다는 자각과 그 집단의 구성원이라는 신분에 대한 감정적 중요성 혹은 가치 판단"을 뜻한다. 다시 말해 인간이 처한 물리적·사회적인 위상과 개인이 처한 환경, 그리고 그에 따른 스스로의 육체적이고 심리적인 반응에 따라 정체성의 전반적인 개념이 형성된다는 뜻이다.

자가예프스키는 '나' 또는 '자화상'을 표제로 한 여러 편의 시를 통해 시공간의 변화에 따라 다양하게 바뀌는 자아의 유동적인 이미지에 주목하고 있다. 1985년에 파리에서 집필한 시집《르부프로 간다》에서 '나'는 '도시'라는 거대한 공간 속을 떠돌며 익명으로 함몰된 채, 스스로의 정체성을 확신할 수 없는, 지극히 외로운 존재로 묘사된다.

> 작고 8월의 귀뚜라미만큼/ 보이지 않는다. 모든 난쟁이들이 그렇듯/ 차려 입고 분장하는 것을 좋아한다. 화강암 아파트들 사이,/ 편안한 진실들 사이에 산다./ (중략)/ 국가國歌 사이, 정당들 사이에도 잘 숨는다./ 두개골의 산맥 속에서 밤을 보낸다./ 영원한 난민. 그것은 바로 나, 그리고 나,/ 드디어 친구를 찾았다는 희망을 가지고 있는/ 바로 나. 하지만 자아는/ 너무나 외롭고, 너무나 믿을 수 없어, 아무도,/ 나마저도 받아들이지 않는다.
> ─〈나〉 부분

1999년 파리에 체류하며 쓴 〈자화상〉에 등장하는 '나'는 머나먼 타지에서 고국의 변화상을 조용히 주시하고 있는, 중년을 훌쩍 넘긴 시인의 모습이다.

> 낯선 도시들에 살면서 가끔은 낯선 사람들과/ 낯선 것들에 대해 이야기한다./ (중략)/ 이제 나는 젊지 않다, 그러나 나보다 늙은 이들도 아직 있다./ (중략)/ 내 나라는 한 가지 악으로부터 해방되었다. 나는/ 그다음의 해방도 오길 바란다./ 내가 거기에 어떤

도움이 될 수 있을까? 나 알 수 없다.
－〈자화상〉 부분

2008년에는 에릭 피슬[2]의 자화상을 보면서, 그의 얼굴에서 자신의 초상肖像을 발견한다. 하지만 타인의 모습에 선명한 이미지로 투영된 자신의 형상과 마주하는 순간, 그 이미지 또한 자아의 실체를 온전히 담아낼 수는 없기에 허상虛像에 지나지 않음을 깨닫는다.

겨울날의 정적 속의, 진력난 채 의기소침한 나,/ 십대처럼 꿈속에 빠져 불행하고 건방진 나,/ 노인처럼 죽도록 피로한 나,/ 박물관에서, 바닷가에서, 크라쿠프 광장에서/ 오지 않는 순간을 그리워하며, 흐린 날 오후의 산처럼 숨는 나,/ 결국 찾아온 명백함, 그리고 갑자기 모든 것을, 모든 것을 이해하게 된다,/ 그 명백함이 나는 아니라고.
－〈자화상〉 부분

2009년 비행기의 이코노미 석에 앉아 있는 '나'는 얼핏 보기에 비좁은 좌석의 틈바구니에서 머리를 움켜쥔 채 괴로워하는 듯 보이지만, 실은 섬광처럼 뇌리를 스치고 지나가는 순간적인 창작의 영감 덕분에 짜릿한 희열을 맛보고 있는 노시인이다.

2 _ 미국의 현대 미술가. 성적인 욕망을 적나라하게 드러낸 화면과 관음증적 시각을 통해 도덕적인 위기에 봉착한 미국 중산층 도시인의 삶의 이면을 적나라하게 드러내고, 동시에 그 기저에 깔려 있는 고독감과 절망감을 표현했다.

> 밖에서 들여다본 나는 미동조차 않은 채/ 죽은 듯, 모든 걸 체념한 듯,/ 연민을 불러일으키는 모습이리라./ 하지만 이건 사실이 아니다-나는 자유로운데다/ 심지어 행복하니까./ 그렇다, 나는 지금 양손으로 움켜잡고 있다./ 내 무거운 머리를,/ 하지만 그 속에서 이제 막 시詩가 태동하고 있다.
> ―〈비행기에서의 자화상〉부분

'자화상'이라는 제목을 붙이지는 않았지만, 르부프에서의 유년기를 소재로 한 〈피아노 레슨〉에서는 이웃집의 피아노 선생님으로부터 음악적 재능이 없다는 지적을 받게 되면서 현실의 냉혹한 세계에 막 눈을 뜬 여덟 살 소년이 등장한다.

> 첫 번째 혹은 두 번째 레슨을 마친 뒤 J씨 부인은/ 곧바로 내게 말했다, 외국어를 배워 보는 게 낫겠다고./ 음악에는 재능이 없는 것 같다고.// 나는 음악에 재능이 없다,/ 그러니 외국어를 배워야 한다./ 음악은 이제 영원히 어딘가 다른 곳에 존재하겠구나,/ 내가 가까이 갈 수 없는, 낯선 집에./ (중략)// 고개를 숙인 채 집으로 돌아왔다,/ 조금은 슬퍼하며, 조금은 기뻐하며,/ (중략)/ 씁쓸함과 유쾌함을 동시에 맛보며 생각했다,/ 이제 내게는 오로지 언어만 남았다고, 단어만, 그림만,/ 그리고 세상만이 남았다고.
> ―〈피아노 레슨〉 부분

〈종점〉에서는 전차가 종점에 다다르게 되면, 다시 말해 하나의 사건이 완결되고 나면, 지나간 과정의 의미를 알 수 있으리라 기대했던 열다섯 살 소년의 순수한 호기심과 실망감이 담담한 필체로 형상화되어 있다.

> 그때 내 나이 열다섯, 전차는 주택가 사이를 누비며/ 점점 더 빨리 내달렸다,/ 풀밭에서 노랗게 피어난 미나리아재비를 보았다./ 종점에 다다르면 이 모든 것의 의미를/ 알 수 있으리라 기대했다,/ 하지만 아무 일도 일어나지 않았다, 아무 일도
> -〈종점〉 부분

자가예프스키의 자화상은 시공간의 변화에 따라, 그리고 타인과의 관계에 따라 시시각각 다양하게 변모한다. 공원에서, 박물관에서, 비행기에서, 미로와도 같은 대도시에서, 낯선 나라의 호텔방에서, 고요한 숲속에서, 병든 아버지를 간호하며, 돌아가신 어머니를 추억하며, 스쳐 지나가는 낯선 행인들 틈에서 유동적으로 변화하는 시인의 모습은 불의와 모순으로 가득 찬 세상에서 한 개인이 맞닥뜨리는 존재론적인 고민, 불안과 좌절, 무력감과 분노, 그리고 극복과 화해의 과정을 가감 없이 보여 주고 있다. 이것은 바꾸어 말하면 인간의 삶에 내재된 역동성과 다양성에 대한 찬가로 해석할 수도 있으리라.

다양한 예술 작품과의 접목, 옛 거장들과의 대화

자가예프스키는 인류의 풍부한 예술적 자산, 그중에서도 특히 유럽 문화가 배출한 불후의 명작들을 자신의 작품에서 매우 적극적으로

활용하는 시인이다. 자신의 뿌리와 정체성에 대한 고민은 스스로의 영적인 근원에 대한 내밀한 탐구로 이어졌고, 이것은 다시 유럽 문화의 고전古典과 걸작들을 작품 속에 다양한 코드로 접목시키려는 시도로 이어졌다.

1982년에 출간된 《다수를 위한 찬가》에 수록된 〈타인의 아름다움에서〉에서 시인은 사르트르의 명제에 반기를 들며, "고독이 아무리 아편처럼 달콤하다 해도 타인은 지옥이 아니다"라고 선언한 바 있다. 그러면서 타인의 음악과 타인의 시에서, 타인이 창조해 낸 아름다움 속에서 위안을 받는다고 고백했다.

> 타인의 아름다움에서만/ 위안이 있다, 타인의/ 음악에서만, 타인의 시에서만./ 타인들에게만 구원이 있다.
> ─〈타인의 아름다움에서〉 부분

시공을 초월하여 우리에게 보편적인 감동을 주는 과거와 현재의 예술가들에게 찬사와 경의를 표하며 그들에게 헌정한 시들도 꽤 많다. 자가예프스키의 시에 자주 등장하는 예술가로는 체스와프 미워시나 즈비그니에프 헤르베르트, 유제프 찹스키와 같은 폴란드 문인들을 비롯하여 넬리 작스, 블라디비르 홀란, 데릭 월코트, 소동파 등의 시인들, 슈베르트나 모차르트, 쇼팽, 바흐, 말러, 베토벤, 브루크너와 같은 음악가들, 니체나 마르크스, 엘리아데, 시몬 베유 등의 철학자들, 얀 베르메르나 빈센트 반 고흐, 에릭 피슬과 같은 화가들을 꼽을 수 있다. 따라서 자가예프스키의 작품에서 심심찮게 발견되는 다양한 문화적인 알레고리를 제대로 이해하려면 서양 문화 전반에 걸친 폭넓은 이해가 선행되어야 하며, 지적인 소양과 감수성이 요구된다.

자가예프스키의 시에서 세상은 마치 투명한 거울에 비친 듯 아무런 포장이나 미사여구 없이 생생하게 투영된다. 심지어 심각한 가치관의 부재에 직면해 있는 세상의 냉정하고 잔인한 모습조차도 여과 없이 있는 그대로 묘사된다. 세상의 잔혹성과 맞닥뜨리는 순간 시인은 종종 옛 거장들을 향해 손을 내밀곤 한다. 작품 속에서 그들에게 질문을 던지고, 그들과 대화를 나누면서 비인간적인 오늘의 현실에 적용시킬 수 있는 불멸의 윤리적 가치를 미학의 영역으로 끌어내려는 시도를 감행한 것이다. 대표적인 작품으로 〈프리드리히 니체와의 대화〉를 들 수 있다.

> 존경하는 위대한 니체 씨/ 나는 당신을 본 것 같습니다/ (중략)// 당신은 알고 있나요? 안네 프랑크가 죽었다는 사실을./ 그 애의 친구들과 동급생들,/ 그 친구들의 친구들, 그리고 사촌들까지/ 모조리 죽었다는 사실을.// 당신에게 묻고 싶습니다. 단어란 무엇인지,/ 명백함이란 무엇인지, 무엇 때문에 백 년의 세월이 흐른 지금,/ 대지는 이처럼 무겁게 가라앉아 있건만/ 단어들은 여전히 뜨겁게 타오르고 있는지.
> -〈프리드리히 니체와의 대화〉 부분

수많은 문인들 가운데 자가예프스키가 가장 많은 존경과 애정을 피력한 인물은 아마도 폴란드의 시인 체스와프 미워시일 것이다. 자가예프스키는 1980년 노벨문학상을 수상한 선배 문인 미워시를 소재로 여러 편의 시를 썼다.

미워시의 인생 여정은 여러모로 자가예프스키와 닮아 있다. 지금은 리투아니아 영토가 된 빌뉴스에서 태어나 문인으로 활동하다가 2차 세계대전이 끝난 뒤 국경선이 변동되어 크라쿠프로 이주한 것부터 시작해서 정치적인 이유로 망명을 선택하여 프랑스와 미국에서 거주한 이력, 그리고 1993년 고국으로 돌아와 '크라쿠프'를 정착지로 선택한 것까지 두 시인의 생애에는 많은 공통점이 발견된다. 그러므로 자가예프스키가 미워시를 자신의 멘토로 꼽으며, 그에게 남다른 존경을 표명한 것은 당연한 일이라고 할 수 있다. 체스와프 미워시를 생각하며 썼다고 도입부에 밝힌 〈위대한 시인이 세상을 떠나다〉나 〈미워시를 읽다〉가 대표적인 예이다.

당신의 시를 다시 읽습니다./ (중략)// 당신은 언제나 가능한 것보다 더 이야기하고 싶어 했어요./ ―시보다 더, 위를 향해, 높은 곳을 향해/ 하지만 아래, 바로 우리의 고향이/ 겸손하고 수줍게 시작하는 곳을 향해.
―〈미워시를 읽다〉 부분

진심으로 사랑하던 누군가와 오랫동안/ 혹은 영원히 이별하게 되면,/ 우리는 갑작스레 절감하게 된다, 그 어떤 말도 부질없다는 걸,/ 그저 스스로를 다독일 수밖에 없다,/ 이제 우리의 말을 대신해 줄 사람은 아무도 없다고,/ ―왜냐하면 위대한 시인이 세상을 떠났으니까.
―〈위대한 시인이 세상을 떠나다〉 부분

〈베르메르의 어린 소녀〉나 〈델프트 풍경〉과 같은 시에서는 얀 베르메르의 그림에 담겨진 이미지나 색감을 텍스트에 전이시킴으로써 문학과 회화의 미적인 연대를 시도하고 있다.

> 이제는 너무도 유명해진 베르메르의 어린 소녀가/ 나를 응시한다. 진주가 나를 응시한다./ (중략)// 나는 그림자로부터 탄생했다./ 빛이 그림자를 내려다본다./ 관대하면서, 어쩌면 동정 어린 시선으로.
> -〈베르메르의 어린 소녀〉 부분

〈진주귀걸이를 한 소녀〉와 같이 우리에게 익숙한 불후의 명작을 작품의 소재로 차용한 경우, 그 작품의 존재를 확실하게 인지하고, 작품이 주는 감동을 공유하고 있는 독자들은 자가예프스키의 시를 읽으면서 저자가 인유引喩의 기법을 통해 추구하고자 했던 '의미의 확장'을 인지하게 되고, 그러한 과정에서 시인과의 내밀한 교감을 체험하게 된다.

〈프란츠 슈베르트의 기자회견〉, 〈일렉트릭 엘레지〉, 〈자화상〉, 〈그대와 함께 듣던 음악〉과 같은 시에서는 슈베르트를 비롯하여 모차르트, 쇼팽, 바흐, 말러, 브루크너와 같은 음악가들을 직접 언급하면서 음악을 시의 소재로 적극적으로 활용하고 있다.

〈독자에게서 온 편지〉에는 자가예프스키의 시에 음악이 너무 많이 등장한다는 사실을 지적하는 독자의 의견이 등장한다. 이것은 바꾸어 말하면 음악에 열광적으로 빠져 있는 자신의 성향을 시인 스스로도 잘 알고 있다는 고백이나 다름없다.

죽음에 대한 내용이/ 어둠에 대한 집착이 너무 많아요.// (중략)// 음악에 대한 내용이 너무 많고,/ 조화와 안정,/ 이성理性에 대한 내용은 거의 없네요.
　　-〈독자에게 온 편지〉 부분

〈자화상〉에서는 스스로의 취향과 기호를 드러냄으로써 정체성을 규명하는 요소로 음악이 삽입되고, 〈그대와 함께 듣던 음악〉에서는 과거의 추억을 환기시키는 매개체로 음악적 모티브가 활용된다. 또한 〈어느 피아니스트의 죽음〉에서는 예술마저 존재의 의미를 상실할 수밖에 없는 전쟁의 참혹함을 강조하기 위한 장치로 음악이 등장한다.

자가예프스키가 유럽의 고전을 자주 인용하고, 위대한 예술가들을 작품 속에 빈번히 등장시키는 이유는 예술이 지닌, 시공을 초월한 보편적인 가치에 대한 굳은 신념 때문이다. 그렇기 때문에 자가예프스키는 스스로에게 끈질기게 되뇐다. 서두르지 말라고, 천천히 말해도 된다고, 절대로 시를 포기하지 말라고.

그러니 천천히 말해도 돼, 너는 이제 젊은이가 아니야./ 경이감 같은 것은 몇 주 금식으로 처리하고,/ 이제는 선택하고 포기하고, 지연작전을 써야 할 때.// 그리고 메마른 나라에서 온 사신들과 오래 이야기해야 할 때./ 부르튼 입술로, 너는 기다려야 해,/ 이제는 편지를 쓸 시간, 500페이지짜리 책을 읽을 시간./ 천천히 말해도 돼. 시를 포기하지 마.
　　-〈천천히 말해도 돼〉 부분

서양 문화의 유구한 전통에서 시인으로서의 영적인 근원을 발견하고자 했던 자가예프스키는 고전의 미학을 현재의 관점에서 다양한 방식으로 재현해 냄으로써 '어제'와 '오늘'의 만남을, '이상'과 '현실'의 조화로운 접목을 시도했던 것이다.

한 편의 시가 탄생하기까지

타고난 재능에 기대기보다는 노력하는 시인으로 알려진 자가예프스키는 문학과 음악, 미술을 막론하고 모든 예술 작품이 탄생하기 위해 요구되는 절대 고독의 시간, 그리고 그 과정에 따르는 창작의 고통에 주목한다. 이러한 고통의 시간이야말로 예술의 세계를 실존적 현실과 연결시켜 주는 매개체이며 진정성을 담보해 주는 필연적인 경로라고 믿기 때문이다. 그렇기 때문에 〈캔버스〉와 같은 시에서는 일상의 평범한 사물이 될 수도 있었지만, 예술가의 손길이 닿으면서 원대한 우주를 품은 화폭으로 탈바꿈한 캔버스를 소재로, 창작의 기원과 신비스런 탄생의 과정에 대해 노래한다.

> 말없이 서 있었다, 어두운 그림 앞에,/ 코트나 셔츠, 깃발이 될 수도 있었지만,/ 결국 우주가 되어 버린/ 캔버스 앞에.
> —〈캔버스〉 부분

모든 예술 작품의 태동에는 통과의례와도 같은 치열한 고통의 시간이 따라야 한다는 것을 누구보다 잘 알고 있기에 자가예프스키는 〈자화상〉에서 바흐와 말러, 쇼팽과 쇼스타코비치의 음악을 들으며 그 속에서 세 가지 원소, '힘'과 '약함'과 '고통'을 느낀다고 고백한다.

그리고 자주 음악을 듣는다. 바흐, 말러, 쇼팽, 쇼스타코비치,/ 음악 속에서 세 가지 원소를 발견한다. 힘과 약함과 고통/ 네 번째 원소는 이름이 없다./ 죽은 시인들과 산 시인들을 읽고 그들로부터/ 끈질김과 믿음과 자존심을 배운다. 위대한 철학자들을/ 이해하려고 노력한다. -어쩌다 그들의 귀중한 생각 중/ 파편을 잡을 수 있을 뿐이다.
 -〈자화상〉 부분

노벨문학상을 수상한 시인이자 극작가인 데릭 월코트에게 헌정한 〈방〉에서는 창작의 영감이 깃들 때까지 스스로를 침묵 속에서 절대 고독의 경지로 몰고 가는 외로운 시인의 모습을 노래한다.

하지만 나의 일은 무엇이란 말인가,/ 꼼짝없이 하염없이 기다리고,/ 책을 뒤적이고, 끈질기게 명상하고,/ 탐욕스런 눈길의 판사를 설득할 수도 없는 정절을 지킨다./ 나는 너무나 천천히 쓴다, 200년은 살아야 한다는 듯./ (중략)/ 나는 절대적인 몰입을 꿈꾼다, 그런 걸 발견한다면,/ 나는 더 이상 숨 쉬지 않을 것이다.
 -〈방〉 부분

자가예프스키의 시에 조응이라도 하듯 데릭 월코트 또한 자가예프스키의 시에 내재된 나직하지만 진솔한 목소리, 그리고 오랜 여운과 감동을 남기는 음악과도 같은 잔향에 주목한다. "자가예프스키의 시들은 당신을 고요히 소유한다. 제자리에 서 있는 기차의 고요함, 하지만 엔진은 맥박처럼 뛴다. 그의 시 속에는 언제나 음악, 아니면 음악의 잔향이 있다. 그것은 황폐화된 이 추악한 세기의 한 구석, 어딘가에서 들려오는 고요한 목소리이다. 오든보다 내밀하지만, 미워시나 첼란, 브로츠키보다는 더욱 코스모폴리탄한 목소리."

〈프란츠 슈베르트의 기자 회견〉에서도 오랜 몰입과 끈질긴 인내의 시간을 거쳐 마침내 창작의 고통을 아름다운 노래로 승화시키는 예술가의 초상을 발견할 수 있다.

> 네, 짧게 살았습니다, 네 사랑했지요./ 빛이 커져 가는 것을 느꼈어요, 제 손가락 아래에서/ 불꽃들이 태어났지요./ (중략)/ 운명은 저에게 너무 컸어요, 천막처럼,/ 심장은 거대한 홀에서/ 서투르게 고동쳤어요, 네, 재능/ 물어뜯긴 쓰디쓴 커피콩./ (중략)/ 네, 그 해협에 내가 있었어요, 고통이/ 노래로 바뀌는 그곳에,/ (중략)/ 네, 저는 이미 피곤합니다, 아니오,/ 불만을 얘기한 것은 아니었어요.
> -〈프란츠 슈베르트의 기자 회견〉 부분

한 편의 시를 탄생시키기 위해 시심詩心을 잉태한 내면의 소리에 모든 신경을 집중해야만 하는 외로운 사투를 자가예프스키는 〈세 개의 음성〉에서 상당히 구체적으로 형상화하고 있다.

> 방 안에 땅거미의 구름이 몰려든다./ 저녁의 그림자가, 고요한 욕망이 커져 간다./ 라디오에서 들려오는 말러의 〈대지의 노래〉./

창문 너머 찌르레기의 무심하고 소란스런 지저귐./ 동시에 내 피의 고요한 찰랑거림이 들린다/ (마치 산에서 눈이 녹아내리는 듯한.)/ 이 세 개의 음성이, 세 개의 이방의 소리가/ 내게 말을 건다, 아무것도 원치 않고,/ 아무것도 약속하지 않은 채./ 저 멀리 어디쯤, 외딴 초원에서/ 무언無言의 속삭임으로 가득한 밤의 행렬이/ 오랫동안 자리를 배치하며, 행진을 준비한다.
  -〈세 개의 음성〉 전문

예술 작품이 태동하려면 세 가지 소리에 귀를 기울여야 한다고 시인은 고백한다. 거장이 우리에게 남긴 위대한 '예술의 소리', '대자연이 뿜어내는 생명의 소리', 마지막으로 피의 찰랑거림이 들릴 정도로 존재의 고독에 명민하게 깨어 있을 때 비로소 들을 수 있는 '자신의 내면의 소리'가 그것이다.

역사에 함몰된 개인의 존재론적 고민을 노래하다

문예지《문학 노트》와의 인터뷰에서 자가예프스키는 시를 통해 자신이 그려 내고 싶은 세계에 대해 다음과 같이 털어놓았다. "나는 새의 아름다운 노랫소리만을 쓰는 그런 시인이 되고 싶지는 않다. 개인적으로 새소리를 매우 사랑하긴 하지만, 그렇다고 '역사의 세계'를 뒷전으로 놓을 정도는 아니다. 내게는 '역사의 세계' 또한 새소리 못지않게 흥미롭기 때문이다. 내가 정말로 관심을 갖는 것은 '역사의 세계'에다 우리의 일상과는 전혀 다른 리듬으로 움직이고 있는 '우주의 세계'를 접목시키는 것이다. 서로 할퀴고, 싸우면서 그렇게 서로를 채워주고 있는 두 세계-이것이 바로 내가 진정으로 쓰고 싶은 대상이다."

　여기서 '역사의 세계'란 일상에 뿌리를 두고 있는 현실의 세계를 의미하며, '우주의 세계'란 보다 넓은 의식의 지평으로 바라본 카오스의 세계, 만물이 유기적으로 결합된 존재의 시원始原, 철학과 예술을 통해 만날 수 있는 형이상학적인 세계를 의미한다고 볼 수 있다. 시인이자 평론가인 로버트 핀스키가 자가예프스키의 시를 가리켜 "고유하고 독특한 방식을 통해 역사적 현실이 인간의 삶과 예술에 맞닿아 있음을 보여 주고 있다."라고 평가한 것도 바로 이 때문이다.

　'자연의 세계'나 '우주의 세계' 못지않게 자신이 두 발을 딛고 서 있는 '역사의 세계'에도 많은 관심을 가졌던 자가예프스키는 역사의 이름으로 함몰된 개인의 존재론적 위기에 대한 고민을 담은 작품들을 꾸준히 발표했다.

　인간과 역사의 상관관계에 대한 시인의 고찰은 개인의 인성과 자유를 억압했던 사회주의 체제, 즉 폴란드 인민공화국PRL(Polska Rzeczpospolita Ludowa, 1949~1989)에 대한 비판 의식에서 출발하고 있다. 특히 1970년대에 발표된 초기작들에서 폴란드 현대사의 험난한 질곡을 생생하게 그려 낸 여러 편의 작품들이 발견된다.

　〈신세계〉는 2차 세계대전이 끝나는 해 '해방둥이'로 태어난 시인의 개인사와, 전쟁으로 인해 폐허가 된 영토에서 '신세계'를 건설하겠다며 장밋빛 구호를 외치지만 결국에는 이데올로기의 명목으로 개인의 자유를 앗아 간 사회주의 정권의 모순을 절묘하게 교차시킨 작품이다.

전쟁의 마지막 날들에 태어난 이들은/ 사람의 손바닥을 가지고 있었다/ 전쟁의 마지막 날들에 태어난 이들은/ 아직 이중 연애의 기술을 몰랐다/ (중략)/ 어떤 이들은 글쓰기를 그만뒀고 다른 이들은/ 물이 찬 유럽의 심장을 건너며 편지를 보내왔다/ 막사의 벽들과 신도시의 아파트들에/ 겨우살이가 장식되고 겨울이 가까워 온다/ 신세계가 시작된다
  -〈신세계〉부분

사회주의 시절, 창작의 자유를 억압받은 문인들은 절필을 선언하거나 해외로 망명을 떠나야 했다. 자가예프스키를 비롯하여 체스와프 미워시, 비톨드 곰브로비츠, 스와보미르 므로젝 등 폴란드 현대문학을 대표하는 많은 작가들이 고국을 떠났다. 사회주의 정부는 평등을 내세운 획일화 정책으로 사람들의 개성을 말살시켰고, 사건과 사고를 은폐했으며, 앵무새처럼 늘 똑같은 구호와 연설로 사람들을 억압했다.

나는 고백한다 불을 본 적이 없고 벌레들이 점점 줄어든다는 사실을/ 기분 나쁜 눈먼 자들이 보이지 않는다는 것을/ 도로 사고의 혈흔이 흰 모래로 가려지고/ 우리 모두는 서로 닮아 있다/ 저녁마다 똑같은 술 취한 중얼거림이/ 이 나라 모든 노동자들을 단합한다는 것을
  -〈신세계〉부분

축구 리그를 만들어 사람들의 관심을 다른 곳으로 돌리려 하고,

개인의 진실 따위는 얼마든지 왜곡되고 조작될 수 있었던 1970년대 폴란드 사회의 슬픈 현실을 작품 속에 녹여 내면서 시인은 체제의 불의에 무기력하게 길들여져서는 안 된다고 스스로를 준엄하게 채찍질한다.

> 축구 리그가 너를 안심시키지 말기를/ 옛날엔 너도 축구를 했었다 이제는 흔들리지 않는 시선으로/ 늙은 짐승인 너는 공의 움직임을 쫓고/ 양복 상의에서 비듬을 털어 낸다/ (중략)/ 너를 안심시키지 말기를 네 모든 생각도/ 누군가 다른 사람의 생각일 수 있었다 너는 그런 생각을/ 접하지도 못했을 수 있었다 지금과는 전혀 반대로 생각할 수도 있었다
> ―〈신세계〉 부분

〈철학자들〉에서는 '노동은 신성한 것'이라 외치며, '노동자, 농민의 천국'을 건설하겠다고 약속했던 사회주의의 프로파간다가 사실은 허구에 불과하다는 것을 풍자하고 있다.

> 우리를 속이는 건 그만 둬 철학자들/ 노동은 즐거움이 아니고 인간은 가장 중요한 목적이 아니야/ 노동은 죽음의 땀, 신이여 내가 집으로 돌아갔을 때/ 나는 잠들고 싶었어/ (중략)/ 노동은 즐거움이 아닌 불치의 고통/ 마치 바람 시민이 높은 가죽 장화를 신고 지나가는 신도시처럼/ 열려 있는 양심 같은 질병
> ―〈철학자들〉 부분

자가예프스키는 사회주의 시스템을 '선동적인 문구 속에서만 존재하는 공허한 파라다이스'로 진단하고 있다. 이러한 시인의 관점은 2005년도에 출간된 시집 《안테나》에 수록된 〈늙은 마르크스〉에서도 확인할 수 있다. 마르크스가 21세기에 아직도 살아 있다면 어떤 모습을 하고 있을지, 그리고 소비에트 연방이 무너지고, 동유럽 사회주의 국가들이 모조리 체제 전환을 이룩한 작금의 현실을 과연 노년의 철학자는 어떻게 받아들일지를 상상한 작품이다.

> 이제는 집중할 수가 없다./ (중략)/ 여러 번 옛 원고를,/ 아무 열정도 없이 베껴 쓰고 있다./ 누런 종이는/ 폐병처럼 바스러진다.// 생은 왜/ 파멸로 치닫는 것일까?/ (중략)/ 그의 체제 어디에/ 사랑을 집어넣을 수 있을까?/ 푸른색 꽃들은 어디 있을까.// 무정부주의자들을 혐오하고,/ 이상주의자들을 지루해 한다./ 러시아에서 온 보고서를 받는다./ 유감스럽게도 자세하다./ 프랑스인들은 부유해지고 있다./ 폴란드는 침묵과 진부함뿐./ 미국은 성장을 멈추지 않는다./ 유혈은 지천이다.
> ―〈늙은 마르크스〉 부분

한 가지 흥미로운 것은 시인이 그려 낸 1970년대 폴란드 사회의 풍속도에는 위선으로 얼룩진 사회주의 체제의 실상도 적나라하게 드러나 있지만, 그에 맞서 항거했던 당대 젊은이들의 무모하고 대책 없는 열정에 대한 일종의 자기반성도 동시에 담겨 있다는 점이다. 대표적인 예가 바로 〈일인칭 복수형으로〉이다.

남이 입던 단어,/ 남의 입 속의 숭고함과 절망을 입고,/ 남의 공포 속으로 걷는다./ 백과사전에서 늙음을 발견하고,/ 밤이면 전쟁이 일어난 척/ 바친스키와 이야기하며,/ 서둘러 짐을 챙기고,/ 옛 시인들을 회상하며,/ 역으로 나선다. 파시즘을 비판한 후,/ 의기양양하게 일등칸으로 올라,/ 일인칭 복수형으로/ 우리의 명민함을 드러낸다. 마치/ 침묵의 절대음감은 부여받지 못한 사람들처럼.
-〈일인칭 복수형으로〉 전문

2차 세계대전 당시 독일군에 맞서 레지스탕스 활동을 펼치며 독립에 대한 순수한 열망을 시로 승화시켰던 크시슈토프 카밀 바친스키는 스물세 살의 꽃다운 나이에 전쟁터에서 전사함으로써 폴란드 젊은이들의 우상이 되었다. 자가예프스키와 그의 친구인 율리안 코른하이저, 그리고 "노바 팔라"에 동참했던 다른 젊은 문인들은 바친스키를 자신들의 표상으로 삼으며 사회주의 체제에 항거했다. 그들은 젊은이다운 패기로 무리지어 다니면서 '다수'라는 방패막이 뒤에서-시인의 표현을 빌리자면 '일인칭 복수형으로'-열심히 구호를 외쳤지만, 조직적이고 치밀한 저항 운동과는 거리가 멀었다. 시인의 냉철한 현실 인식은 체제의 불의를 지적하는 데만 적용되는 것이 아니라 무모한 열정에 휩싸였던 자신의 과거에도 변함없이 적용되고 있는 것이다.

격동의 세월, 역사와 시대를 향해 두 눈을 부릅뜨고 깨어 있으려는 시인의 강인한 의지를 엿볼 수 있는 또 다른 시는 바로 〈상처 입은 세상을 찬미하려 노력하라〉이다. 이 작품은 9·11테러가 발생한 직후인 2001년 9월 24일자 《뉴요커》에 영문 번역본과 함께 수록되면서 상처받은 미국인들의 심금을 울리고 큰 반향을 불러일으킨 작품이다.

> 너는 상처 입은 세상을 찬미해야만 한다/ (중략)/ 너는 갈 곳도 없이 걷고 있는 난민들을 보았고/ 처형자들이 즐겁게 노래하는 것도 들었다/ 상처 입은 세상을 찬미해야만 한다/ 하얀 방에 우리가 함께 있었던 순간을 기억하라/ 커튼은 펄럭이고 있었다/ 음악이 폭발하던 콘서트의 기억으로 돌아가라/ 가을이면 너는 공원에서 도토리를 주웠고/ 나뭇잎들은 땅의 흉터 위에 소용돌이쳤다/ 상처 입은 세상을 찬미하라
> ―〈상처 입은 세상을 찬미하려 노력하라〉 부분

자가예프스키는 다양한 상징과 알레고리를 동원하여 역사적인 사건들을 형상화하면서 그 안에 내포된 부조리한 현실을 생생하게 담아내고 있다. 시인은 끊임없이 고민하고, 망설이며, 성찰한다. 그의 시선은 남들이 주목하지 않는 불안과 공포를 향하고, 그의 귀는 내면으로부터 솟아나는 나직한 양심의 소리를 향해 늘 열려 있다.

피상적인 아름다움을 뛰어넘는 진정성

자가예프스키의 시를 읽다 보면 뜻밖에도 시어의 다의성이나 독창적인 메타포, 치밀한 리듬감에 감탄하게 되는 경우는 드물다. 미술의 콜라주 기법을 차용한 듯, 신문이나 잡지 기사의 헤드라인을 연상시키는 문구가 느닷없이 등장하기도 하고, 문장 부호를 의도적으

로 생략하거나 행과 행 사이의 균형이 파괴되어 있는 경우도 빈번하다. 언뜻 무의미하게 병렬적으로 늘어놓은 것처럼 보이는 시어들은 아이러니로 가득 차 있고, 때로는 모호하기까지 하다. 하지만 그 단어들의 조합은 하나의 완결된 덩어리를 이루며, 어느 틈에 묵직한 울림으로 변모하고, 존재론적인 심오한 질문이 되어 우리의 심장을 두드린다. 폴란드 비평가의 말을 빌리자면, 시인이 단어를 선택한 것이 아니라 단어가 시인을 붙잡아 어느 순간 한 편의 시로 탈바꿈한 것처럼 보일 정도이다. 때로는 격정적인 토로처럼, 때로는 힘겹게 내뱉은 신음소리처럼, 미적인 안정감을 배제한 채 아무렇게나 나열된 듯한 단어들이 실은 현상에 대한 치열한 관찰의 산물이라는 것을, 그리고 각각의 시어들이 서로 긴밀하고 유기적인 관계를 맺고 있으며 정밀한 계산에 의해 배치된 것임을 깨닫고 무릎을 치게 되는 것은 시를 단숨에 끝까지 읽고 난 다음이다.

본 시집의 수록작은 아니지만 〈빗속의 안테나Anteny〉(2005)란 제목의 시에서 자가예프스키는 시에 대해 다음과 같은 정의를 내리고 있다.

> 시란 절망을 품고 있는 환희이다./ 그 절망 밑에는 다시 환희가 있다./ 그러므로 내면으로부터 말해야 한다./ 이것은 시에 관한 이야기가 아니다./ 들어라, 말하지 말고.
> ―〈빗속의 안테나〉 부분

시인은 〈다수에 대한 찬가〉에서 "시는 모순에서 자라나지만, 그 모순을 넘어서지는 않는다."라고 정의한 바 있다. 자가예프스키에게 시란 내면의 소리에 온 힘을 다해 집중할 때 어느 순간 감성의 안테나를 흔드는 일종의 전율과도 같은 것이다. 그는 언어의 영역 속에 담아내기 힘든 생生의 비밀, 즉 존재의 환희와 소멸의 절망을 동시에 포착하는 것이 바로 시의 소명이라고 이야기한다. 그러므로 시에서 일반적으로 나타나는 규격화된 형식이나 구성상의 안정감, 탐미적인 표현 등은 자가예프스키에게서 찾아보기 힘들다. 심지어 시인은 "이것은 시에 관한 이야기가 아니다."라며 보편적인 시의 구조를 단호하게 거부한다.

미국의 소설가이자 문학 평론가인 수전 손택Susan Sontag은 자가예프스키의 시가 추구하는 본질적인 지향점이 진실의 포착에 있음을 강조한 바 있다. "자가예프스키는 탐미주의자가 아니다. 시의 세계에서는 그보다 높은 가치 기준이 존재한다. 작가가 진실보다 아름다움을 우위에 두는 것은 치명적인 오류이다." 미국의 평론가인 찰스 시믹Charles Simic이 자가예프스키의 시를 가리켜 "우리가 모든 표식이 벗겨진 세상의 일부를 엿보게 되었을 때 경험하게 되는 드문 순간들을 절묘하게 잡아내고 있다"라고 평한 것도 바로 시인이 일관되게 추구해 온 진실에 대한 열망 때문이다. 또 다른 평론가인 게일 마주르Gail Mazur 또한 비슷한 견해를 피력하고 있다. "자가예프스키의 시에서 '나는 그것을 보았다. 나는 이렇게 살았다'고 말하는 그의 목소리는 언제나 진실함으로 가득 차 있다."

2003년에 출간된 시집 《귀환》에는 〈시란 빛을 찾는 것Poezja jest poszukaniem blasku〉이라는 시가 수록되어 있다.

시란 빛을 찾는 것./ (중략)/ 내가 사는 도시의 거리와 대로에는/ 어둠이 묵묵히, 열정적으로 일하고 있다./ 시란 빛을 찾는 것.
―〈시란 빛을 찾는 것〉 부분

〈메타포〉에서 노시인의 입을 빌려 "우리는 평생 어둠 속을 걷고 있다"고 단언했던 자가예프스키에게 시란 '빛'이 아니라 그 '빛'을 찾아가는 '과정' 혹은 '여정'을 의미한다. 여기서 '빛'은 '진실'과 '진정성'의 다른 이름으로 해석할 수 있다. 그렇기 때문에 〈집중을 흩뜨리지 말라〉에서 시인은 "빛나는 순간들을 멈춰 있게 하라고", 아울러 "단단하고 건조한 표면에 진실을 새겨야만 한다"고 역설한다. 내면의 깊이와 고요함을 향해 집중을 다함으로써 그 집중의 끝에서, 존재의 한없는 고요함으로부터 생성되는 밝은 빛[明], 다시 말해 진실의 빛을 볼 수 있으리라 굳게 믿고 있기 때문이다.

집중을 흩뜨리지 말라/ 빛나는 순간들이 멈춰 있게 하라/ (중략)/ 화부는 아직 불 속에 새 석탄을 던져 넣고 있다/ 집중을 흩뜨리지 말라/ 단단하고 건조한 표면에/ 너는 진실을 새겨야만 한다
―〈집중을 흩뜨리지 말라〉 부분

저물어 가는 어둠의 시간 속에서도 밝음을 지향하기 위해 별빛을 바라보며 우직하게 발걸음을 내딛는 시인의 모습은 〈별〉에서도 찾아볼 수 있다.

이제 나는/ 철학과 시와 호기심의 학생이 아니다/ 너무 많은 시를 써 대던/ 젊은 시인도 아니다.// 이제는 좁은 골목과 환상

의/ 미로에서 헤매고 있다./ 시간과 그림자의 지배자가/ 내 이마 위에 손을 올려놓는다.// 그러나 나를 인도하는 것은 아직도/ 밝은 별,/ 밝음만이 나를/ 잃거나 구원할 것이다.
　-〈별〉 부분

결국 자가예프스키에게 시를 쓴다는 건 생의 기쁨과 슬픔을, 희망과 절망을, 빛과 그림자를 모두 아우르는 것이라고 할 수 있다.

　시를 쓴다는 건 승자 없는 결투-/ 한편에서는 나비의 눈에 비친 거대한 산처럼/ 육중한 그림자가 서서히 몸을 일으키고,/ 다른 편에서는 고통 속에 겨울이 탄생하던 그날 밤의/ 성냥 불빛처럼 일순간의 밝음이,/ 이미지와 생각의 섬광이 번뜩인다./ (중략)// 모든 것이 사라진다는 사실에 대한 한탄/ 아무것도 잃지 않으리라는 희망.
　-〈시를 쓴다는 것〉 부분

어둠이 있어야 비로소 빛이 보이듯 자가예프스키의 시에 어둠과 그림자가 가득한 것은 당연한 결과이리라. 하지만 그의 시가 궁극적으로 향하고 있는 목적지는 피상적인 아름다움보다는 진실이 그 빛을 발하고, 예술의 의미와 존재 가치가, 변치 않는 감동이 생생하게 살아 숨 쉬는 아르카디아Arcadia임에 분명하다.

뒤늦게 오는 아픔

박형준(시인)

 밤 산책을 나갔다가 거리의 가로수가 몽땅 베어져 있는 것을 보았다. 내가 살고 있는 동네는 지금 재개발이 한창이다. 산동네가 있던 자리에 새 아파트가 들어서기 시작하면서 그야말로 일사천리로 옛날 풍경과 흔적들은 자취를 감추기 시작했다. 아파트가 쑥쑥 자란다는 말이 실감날 정도로 자고 일어나면 아파트들이 사방에 울창하게 자라 있었다. 이제 아파트 공사는 막바지에 접어들어 도로 정비가 한창이다. 그러나 거리의 가로수까지 몽땅 베어 낼 줄은 몰랐다. 밤 산책을 나갔다가 길 한쪽에 가로수를 잘라 쌓아 놓은 모습을 바라보고 있자니 마음 한구석이 휑하니 빈 것 같다.
 가로수는 꽤나 우람했었다. 여름이 되면 나뭇잎들이 허공에서 공중 터널을 만들 듯이 울창해져서 버스를 타고 가면 차창에 나뭇가지가 스치곤 했다. 그 길을 걸으며 나무를 안아 보거나 나뭇가지에서 새들이 우는 모습을 바라보면 가난한 이 작은 동네를 떠나지 못할 것 같은 생각이 들었다. 그 길을 건너 재래시장 한쪽에 펼쳐진 포장마차에서 국수 한 그릇을 먹고 밤하늘을 올려다보고 집으로 돌아오는 것이 여름밤의 유일한 소일거리이고, 내 산책의 즐거움이었다.

그런 가로수 길이 사라지고 보니 소중한 풍경이란 언제나 가까이 있다는 생각이 든다. 이렇게 세상에는 하찮게 여겨지는 물건이나 풍경이 사라지고 나면 뒤늦게 오는 아픔이 있다. 그런 것이 오히려 더 큰 상실감으로 다가오는 모양이다. 서가에 꽂아 놓고 글을 쓰려고 찾아보면 꼭 없는 책처럼 익숙했던 풍경 하나가 여름밤의 산책에서 빠져나가고 보니 미련이 더 크게 남는다.

나는 길가에 쌓인 가로수 더미에서 커다란 나무 막대기 하나를 골랐다. 그리고 집에 돌아와 욕조에서 그것을 씻었다. 물에 닿자 껍질이 살아나며 푸르른 빛을 띠었다. 나무의 지느러미를 만지고 있는 느낌이 들었다. 이 동네가 완전히 아파트 대단지로 바뀌고 나면 내 여름밤의 산책도 싱거워지겠지만 가로수 길의 흔적으로 남아 있는 저 추억의 지느러미는 내가 걸었던 모든 장소들을 기억하고 되살려 줄 것이다.

폴란드 시인 아담 자가예프스키의 시를 읽는 것은 내게는 길거리에서 주워 온 나무 막대기 속에 매장된 거대한 추억을 꺼내 보는 일처럼 여겨진다. 그의 시에는 어려운 단어가 하나도 없다. 언어들은 너무나 단순해서 우리 주변의 버려진 물건이나 하찮은 풍경들을 대하는 것 같은 느낌이 든다. 그러나 다 읽고 나면 내 자신이 뭔가 소중한 것을 잃어버렸다는 아픔이 온다. 숲 속에 저마다의 소리들이 있듯이, 우리 주변의 사소한 존재들에도 저마다 독특한 생명이 있고 그 안에 내재된 음악이 있다. 시인은 5월의 숲 속에서 온갖 생명들이 내지르는 독특한 음악을 듣는다. 거기에는 역사에 희생된 죽은 자들의 넋도 있지만 거대한 침묵 속에서 하나하나 깨어나는 자연의 사물들이 "저마다 다른 목소리로, 다른 이야기"(《5월에》)를 하는 꿈도 섞여 있다. 개인의 삶과 시대의 아픔과 상처를 통해 타인을 발견하고 구원을 꿈꾸는 자가예프스키의 시는 나무의 생명력을 간직하고 있다.

나는 자가예프스키가 2차 세계대전이 끝난 해에 태어나 폴란드의 국경선이 변경되는 바람에 소비에트에 고향 땅을 빼앗기면서 이주와 반체제 저항 운동 등 영욕의 삶을 살아 온 인물로 알고 있다. 그만큼 그가 살아 온 시대는 역사의 무게로부터 자유로울 수가 없다. 그러나 그 무거운 역사를 그는 시에 다 담아내려 하지 않는다. 아무리 역사의 진실이 중요하다고 하더라도 너무 많이 그것을 시에 담아내면 아무런 느낌이 없게 된다. 풍경이 아름답다고 해서 그것을 모두 사진기에 담으려고 하면 모든 것이 개성을 잃고 똑같아지는 사진처럼 말이다. 때로는 역사에 대해 세계에 대해 모두 알려고 하기보다는 모르고자 할 때 그 사물의 본질과 아름다움이 드러난다. 자가예프스키의 시에는 그런 게 있다. 더하기보다는 뺄 때 드러나는 진실이……. 그것이 자가예프스키의 시에서 '역사의 세계'와 개인의 내밀한 '존재론적 고민'이 맞닿아 있는 자리일 것이다.

> 사랑하는 것을 두드리면서,
> 두드리는 것을 사랑하면서
> 나는 생각했느니, 이 캔버스는
> 어쩌면 수의壽衣가 될 수도 있었노라고.
> ─〈캔버스〉 부분

어쩌면 한 편의 시도 캔버스가 될 수 있을 것이다. 우리는 그 캔버스에 너무나 많은 것을 담으려고 한다. 하지만 자가예프스키는 시라는 캔버스에 너무 많은 것을 담아내서는 안 된다는 것을 알고 있다. 한 편의 시는 자신의 이야기를 덜어내고 사랑하는 존재들에게 귀를 기울이는 여백과 침묵의 캔버스이며, 그럴 때 그 시는 모든 사라져 간 존재들을 감싸 주고 위무하는 우주적인 '수의壽衣'가 될 수 있을 것이다.

서두에 밤 산책길을 나갔다가 잘려진 가로수를 보고 슬퍼했다는 이야기를 했으니, 이 동네 이야기를 좀 더 덧붙이기로 하자. 내가 사는 북가좌동은 뉴타운 공사가 한창이라고 했다. 그런데 아파트 공사가 본격적으로 진행되기 전까지 이 동네에는 한동안 서울 시내에서는 보기 힘든 공터가 들판처럼 펼쳐져 있었다. 그전에는 산비탈에 지어져 있던 집들이 철거된 자리에 풀들이 가득 피어 있었다. 자연은 인간이 내버려두기만 하면 어떤 간계도 없이 제 스스로의 의지로 터를 이루고 생명들을 샘솟게 하였다. 나는 아침저녁으로 철거된 집들의 슬픈 흔적마냥 남아 있는 희미한 골목길을 밟아 비탈에 올라가 공터를 내려다보곤 하였다. 비탈에 대문이 덩그러니 있지만 계단만 남아 있는 집이라든지…….

눈이 많이 내린 어느 겨울 아침이 떠오른다. 산책을 나갔다가 공사장의 판자 더미에 가득 쌓인 눈 속에서 얼어 죽은 새를 보았다. 가여운 생각이 들어 만져 보니 아직 온기가 남아 있었다. 뉴타운 공사로 많은 사람들이 집을 잃고 떠났다. 그럼에도 그들의 흔적은 아직도 저 죽은 새의 온기처럼 뉴타운 공사장 여기저기에 남아 있다. 저 눈 속에서 얼어 죽은 새는 현대라는 시대와 그 속에서 살아가는 인간의 암울한 삶을 보여 준다. 동시에 죽은 새에게 따뜻한 체온이 남아 있다는 역설도 보여 준다. 나는 죽은 새를 만지면서 그 새의 온기를 통해 이런 생각을 해 보았다. 인간의 따뜻한 정이 암울한 미래를 건널 수 있는 희망이지 않을까. 나는 자가예프스키의 다음과 같은 시에서 그런 희망을 본다. 내가 아니라 저 하찮은 사물, 저 보잘것없는 타자에게서 구원이 시작된다는 것을……. 그러한 존재들로 하여 언제나 때늦게 찾아오는 아픔이 우리로 하여금 진실을 보게 한다는 것을…….

> 타인의 아름다움에서만
> 위안이 있다, 타인의
> 음악에서만, 타인의 시에서만.
> 타인들에게만 구원이 있다.
> 고독이 아편처럼 달콤하다 해도,
> 타인들은 지옥이 아니다,
> ─〈타인의 아름다움에서만〉 부분

출전

《공보 Komunikat》(1972)
일인칭 복수형으로

《정육점 Sklepy mięsne》(1975)
독자에게 온 편지
신세계
철학자들

《다수에 대한 찬가 Oda do wielościci》
(1982)
타인의 아름다움에서만
다수에 대한 찬가
* * *

《르부프로 간다 Jechać do Lwowa》(1985)
5월에
새로운 경험
이민자의 노래
힘
저녁 무렵, 이성에게 띄우는 엽서
미래
과거에
거리의 한 귀퉁이에서
잘 모르던 어느 여인의 죽음에 부쳐
과일
프란츠 슈베르트의 기자 회견
나방

책을 읽으며
한밤에 부는 바람
고딕
르부프로 간다
나
집중을 흩뜨리지 말라
델프트 풍경
고요
세 개의 음성

《캔버스 Płótno》(1990)
프리드리히 니체와의 대화
밤
실재
역사 소설
캔버스
돌
나는 아직 시 속에 존재할 수 없으니
낯선 도시들에서
자장가
사물들의 삶에서
일렉트릭 엘레지
카르멜리츠카 거리

《불타는 대지 Ziemia ognista》(1994)
삼왕
암스테르담 공항
세 천사
중국 시
비가
열대식물원

《갈망 Pragnienie》(1999)
베르메르의 어린 소녀
야만인

어느 피아니스트의 죽음
초보자를 위한 신비주의
방
긴 오후들
여름의 절정
장학생 숙소
천천히 말해도 돼
자화상

《귀향Powrót》(2003)
두우가 거리
포텡가 극장
무지개
가치가 있었을까
별

《안테나Anteny》(2005)
그대와 함께 듣던 음악
불가능한 우정
대화
영혼
저녁 무렵 새가 노래한다
미워시를 읽다
늙은 마르크스
거대한 배들
균형
평범한 인생
낯선 도시에서
2004년의 마지막 날
함께 듣던 음악
누군가 오르간을 조율하고 있다
왕국들에 관해
상처 입은 세상을 찬미하려 노력하라

《보이지 않는 손Niewidzialna ręka》(2009)

피아노 레슨
가족이 살던 집
벙어리 도시
비행기에서의 자화상
불가능한
1월 27일
종점
당신이 기억을 잃어버린 지금
위대한 시인이 세상을 떠나다
메타포
사진 찍힌 시인들
얼굴
시를 쓴다는 것
아버지는 더 이상 나를 알아보지 못한다
피아노 조율사
자화상
사진을 본다

《기타》
어머니에 대하여
추억들

최성은

한국외국어대학교 폴란드어과 및 같은 대학원 동유럽어문학과를 졸업하고, 폴란드 바르샤바 대학교에서 폴란드 문학박사 학위를 받았다. 거리 곳곳에서 문인의 동상과 기념관을 만날 수 있는 나라, 오랜 외세의 점령 속에서도 문학을 구심점으로 민족의 정체성을 지켜 왔고, 그래서 문학을 무엇보다 사랑하는 나라인 폴란드를 '제2의 모국'으로 여기고 있다. 현재 한국외국어대학교 폴란드어과에서 교수로 재직하면서 학생들을 가르치고 있고, 부지런히 폴란드 문학을 번역, 소개하고 있다. 2012년 폴란드 정부로부터 폴란드 문학을 널리 알리는 데 기여한 공로로 십자 기사 훈장을 받았다.

옮긴 책으로 《끝과 시작―비스와바 쉼보르스카 시선집》, 《쿠오 바디스》, 《신사 숙녀 여러분 가스실로》, 《흑단―카푸시친스키의 아프리카 르포에세이》, 《루제비치 시선》, 《헤르베르트 시선》 등이 있다. 황선미의 《마당을 나온 암탉》, 김영하의 단편선집 《엘리베이터에 낀 그 남자는 어떻게 되었나》, 김소월, 윤동주, 서정주 3인 시선집을 폴란드어로 번역하여 출판하기도 했다.

이지원

한국외국어대학교 폴란드어과를 졸업하고, 자가예프스키가 청년 시절을 보냈던 크라쿠프의 야기엘론스키 대학에서 미술사 학사와 석사를, 아담 미츠키에비츠 대학에서 미술사 박사학위를 받았다. 한국외국어대학교 폴란드어과와 서울시립대학교 일러스트레이션 대학원에서 일하며 어린이책 번역 및 기획자로 활동하고 있다. 옮긴 책으로 필립 풀먼의 《카를슈타인 백작》, 숀 탠의 《먼 곳에서 온 이야기》, 레이먼드 브릭스의 《작은 사람》, 안제이 말레슈카의 《매직 트리》 등이 있다.

타인만이 우리를 구원한다

1판 1쇄 인쇄 2012년 10월 14일
1판 1쇄 발행 2012년 10월 19일

지은이 아담 자가예프스키　옮긴이 최성은·이지원
펴낸이 고세규　펴낸곳 문학의숲
신고번호 제300-2005-176호　신고일자 2005년 10월 14일

이 책의 한국어판 저작권은 (주)한국저작권센터(KCC)를 통한
Macmillan-Farrar, Straus and Giroux, LLC와의 독점계약으로
문학의숲(고즈윈주식회사)에 있습니다. 저작권법에 의해 한국 내에서
보호를 받는 저작물이므로 무단전재와 복제를 금합니다.

주소 서울 마포구 동교로13길 34(121-896)
전화 02-325-5676　팩스 02-333-5980
이메일 bjbooks@naver.com
홈페이지 www.godswin.com

ISBN 978-89-93838-29-9　04890
　　　978-89-93838-26-8　(세트)